聯合推薦

立暨南國際大學

李家同教授

立新竹教育大學

高淑芳副教授

你不可不知的心理學

e Psychology
at You Shou... Know

全騰／著

多數人都喜歡猜測別人的想法，卻不見得能猜中別人心中真正的想法。

多數人都待過學校，卻不見得知道學校裡都發生了什麼事？

這是一本用心理學來看學校教育的書，喜歡心理學的人要看，關心教育的人更是不容錯過。

推薦序

全騰是今年系上在職進修碩士專班的新同學之一，這個進修專班是本系提供從事教育、心理、諮商輔導、醫療或社會工作等相關現職工作者，一個進修教育心理與諮商領域碩士學位的管道。在新生入學的第一天上課時，我都會照往例先行瞭解班上同學們白天的職業工作性質，以及以前大學時候相關課程的修習狀況，以便適度調整課程的教學方式，讓同學的學習發揮最大的效益。不出意料之外，班上同學有八成以上是國中小的現職教師，但其中最令人印象深刻的就是全騰的自我介紹了。一位國中的理化老師怎會想來進修心理與諮商領域的碩士學位？難道是盲目地衝著目前很有人氣指數的「諮商心理師」證照報考資格而來？我的心中不免在第一時間產生這樣的問號。

經過全騰的說明與分享，我才瞭解全騰教國中理化十二、三年了，突然發現自己的化學專業知識似乎已經退化到「國中資優班」的程度，這個發現讓他憂心是否還是一位稱職的老師，而興起了進修的念頭。由於對考化學研究所不具信心，而選擇報考教育研究所，卻在準備的過程中被心理學的行為科學探究強力吸引，最後決定報考心理諮商與輔導研究所，成為本系的在職進修伙伴。這樣背景經歷的學生對我們來說的確很特別，加上全騰對該班級的互動模式不吝主動提供看法與提議，帶動同學的參與力；以及日後對課程所產生的疑惑都會即時以 mail 提問與討論，讓人感佩他對所處情境的投入。

不過，當一個月後全騰拿著這份《你不可不知的心理學》的稿件出現，請我為這本書寫序時，我當下愕然，心想：「一位國中理化老師，寫一本心理學的書……可以嗎？」心裡一連串的疑惑與不安，卻又不敢斷然拒絕，怕因自己的衝動而傷害了一位向學學生的心。經過懇談，知道全騰熱愛寫作，也曾經出版過一些作品，讓我稍微安心些，加上當時認為時限還很寬裕，於是接受了這個寫序的邀請。

初期的不安，讓我下意識地以忙碌來刻意避免閱讀此一稿件，也的確因此忘記此事一段時間。隨著約定日期的逼近，我不得不開始正視這個承諾，卻也因為自己的不安，使得每次閱讀了幾頁，就擱置了一段時間，閱讀幾頁，又擱置了。就這樣，在不安、履行承諾、後悔承諾與延遲歉咎的循環衝突與拉扯中，讓我有了一次好好檢視自己狀態的機會。

用心閱讀一本書那麼難嗎？當然不難。難的是我已經先入為主地被全騰的非心理學專業背景框架住了，限制了我心的視野，所以下意識地認為這文章一定會有不順暢的地方，一定會有不符邏輯的地方，一定會有誤導一般大眾的地方。一股擔心成為背書工具的心，遮蔽了我閱讀的意願，所以難以用心。

為一本書寫推薦序那麼難嗎？其實不難。難的是我怕有負全騰的邀請（裡面包含的是他對我的重視與信賴）；或者我也怕推薦錯誤，有損自己的專業形象。這些害怕與擔心，使我遲遲無法下筆，縱使已經有好幾個版本的序言在心中翻攪好幾回，我還是無法真正完成。

神奇的是，當自己願意去面對這些困難、這些不安、這些擔心與害怕之後，心境清明了，也能在閱讀中真心感受全騰對這個社會與周遭環境的細緻觀察與分析、對目前校園與教育亂象的擔憂與不落人後的正義感，以及企圖以心理學領域中經過客觀檢驗的行為科學現象與效應（即「人」的本質）的角度來引領、衝破校園與教育問題的迷思。

特別的是，全騰善用其寫作的能力，在幾乎每一篇論述之前，先以一段故事或實例來鋪陳，來加深讀者對這些心理學知識的瞭解。在我的教學經驗中也發現舉例是讓學生最容易瞭解概念原理的最佳方式，而故事的架構更能讓學生加強記憶（這當然還是有心理學的探究的證實）。我相信以這樣的鋪陳方式，有助於讀者進一步將這些行為科學原理應用到自身的日常生活情境中，也有助於讀者對其生活周遭情境的洞察，適度遞減過度主觀的意識，發展相互尊重的和諧環境。

不過，就如同我自己的這一段心路歷程，一個人要破除自己的定見與障礙，真的不容易。唯有願意真正面對自己的不能與不為後，這些心理學知識才能真正有助於各類問題的解決與生活品質的提升。簡單來說，要閱讀這本書之前，要先放下自己對教育已有的迷思、想法與認為之後，才有可能從這本書中真正得到一些啟發與看見，否則充其量也只不過是多看過「一本」書而已。

國立新竹教育大學教育心理與諮商學系
高淑芳
2007 年 2 月

序

野人獻曝

該怎麼說「我又寫了一本書」這個現象呢？我相信一定會跌破所有教過我的老師的眼鏡。從小到大，我就不是一個會寫作文的學生；更有甚者，作文的分數一向是負責把我的總分往下拉的關鍵。還好，我並沒有因為作文分數低，就相信我沒有能力用文字來表達我的想法。不僅是我這個「不會寫作文」的人居然寫了兩本書，連一個化學系畢業的學生居然去寫心理學的書這個舉動，應該也會讓許多認識我的人吃驚（連我自己也很訝異），只好暗自感嘆人生的命運真是玄妙而不可測。

說是一本談心理學的書，其實不過只是皮毛而已。教書這麼多年，心中累積了無數的疑問；當然不會是自然科學那種一翻兩瞪眼的問題，而是人際交往互動的時候，總是會不明不白地達成的「非預期效果」。意外地接觸到心理學的知識，就好像牛頓初次見到陽光由三稜鏡折射而出，投映在牆上的彩虹一般，我心中的許多疑問終於可以得到初步的解答。只可惜我沒有牛頓的才情，沒有辦法從寢室裡意外出現的彩虹，發展出一整套完整的光學理論；不過我倒是很樂意用我「差勁的作文能力」，來表達我所曾經有過的疑問。

其實問題被解決也就算了，寫這本書有一個很重要的動機。舉例說吧，書裡面介紹了「習得無助」，當老師的人一定都學過教育心理學，也一定都知道行為主義是什麼，或許老師當久了，漸漸地也就忘了它的內容。然而就算是剛畢業的老師，可以很清楚地寫下答案：「習得無助是指個體長期處在一個焦慮而自覺無法逃脫的環境時，久而久之產生的一種消極心態。」BINGO，答對了！但是這個老師真的能夠想像什麼是「習得無助」嗎？這個老師看到學生的表現時，他可以判斷學生是不是已經產生「習得無助」的行為了嗎？

教書一段時間之後再回去讀書，帶給我很深刻的體認，因為我終於能瞭解以前讀的書在說些什麼，或許這是因為「教育」這門學門必須在真正面對學生之後才能有所感受吧！大學時讀了不少教育學分，當時我可以考八、九十分，但是卻不能真正瞭解它在講什麼、到底有什麼用？這好像是我們國內教育的一大缺憾，我們的學生並不能有效地把所學到的知識應用在日常生活之中。或許是學習時缺乏經驗去體會理論的真正意義，也可能是日後工作環境壓力太大，忙得讓自己忘了可以應用所學來幫助解決現在的問題（如果還記得學過的知識的話）；還有一些根本就直接把理想和現實做切割，認為知識只是「理想狀況」，根本無法應用於「現實情況」。上述幾種情況其實都滿令人遺憾的。

我的另一個動機是想做「翻譯」的工作。專家之所以成為專家，是因為他們花了很長的時間浸淫在自己的專業領域之內，只是當他們在那樣子學術的領域浸淫過久之後，他們的表達方式，也在某種程度下被限制在某一種特殊的型態，而這樣的型態卻讓一般人變得難以親近，這一點實在令人感到可惜。專家們花了這麼多的時間來做研究，卻因為「門檻」而讓一般民眾無法受惠，豈不令人扼腕？書裡的寫作方式僅為介紹性質，並沒有打算做很嚴謹的科學論述來證明，目的是希望讀者能很輕鬆地閱讀。若是因此而發生興趣，或許讀者可以做進一步的瞭解。

我的職業是國中老師，選擇校園裡發生的事情來做例子是最方便不過的了。這裡還有一點點「陽謀」，希望讀者藉著閱讀這本書的過程，可以或多或少地看到學校裡都發生了些什麼事。大家都說現在老師不好當，老師們的憂鬱指數長期持續攀升之中，但是老師們到底在憂鬱什麼呢？是不是老師們都不夠知足？或只是抗壓性太低？教改應該是失敗了吧！但是教改到底失敗在哪裡？現在的校園又是怎麼一回事呢？

一直以來，校園是一個非常封閉的場所：家長想要關心孩子在校的情形、督學想要瞭解各校辦學的情形、有心人士想要解決升學壓力的問題，但是大家都未必清楚瞭解校園裡發生了什麼事。連發生什麼事都不知道，當然更不用說解決問題的方法了。有一個故事說：某個殺人、搶劫的少年犯被送到法庭之中，法官大人想藉機開導一下當事人，苦口婆心地說了好長一番道理，只是少年一點反應都沒有。法官急了，問：「你到底聽懂了沒有？」少年淡淡地回了一個字：「幹。」氣得法官只差沒有衝下來打人，只是犯人接下來又說：「你不過聽了我的一個『幹』就氣成這樣，要知道我從小到大的生存環境都是在打罵之下度過，你連想像都無法想像，憑什麼要來對我說道理呢？」

我很不客氣地想邀請教育部的官員，或是一些教育的專家學者們，是不是願意到國中校園裡代課個一、兩週（記得不要暴露身分）？或許就能更有效地制定教育政策，也更能看清教改失敗的真正原因。此外，我並沒有能力把全國校園裡發生的所有事詳細地攤在讀者面前（恐怕每個學校都有很不一樣的問題），頂多是以管窺天吧！希望能至少提供一點貢獻。

其實，不管教育是怎麼一回事，最後還不是要靠「人」來把它實現？教育問題其實就是人的問題，要解決教育的問題，當然要從「人」的角度切入，才能收到事半功倍之效。海德（Heider）曾經提出一套所謂「素樸心理學」（Naïve Psychology）的說法，認為一般人都相信每一個人的所作所為必有原因。因此，當他們觀察到某個行為發生的時候，都會試著去解釋、瞭解這個行為背後的原因。這些人並不一定曾經受過科學的訓練，這些人也不一定會把自己心中的想法說出來與他人分享，這些人當然不會有時間好好地調查事件發生的來龍去脈，這些人恐怕也不會關心事實的真相究竟是如何？但是這些人就是會用一套自己的想法（價值觀），去判斷他人以及自己的行為。這種判斷通常來自「直覺」；結果不幸的，真相往往因此被掩藏在人性的假象之下。

我深知要接受、理解一個理論的門檻很高，所以在本書裡，幾乎每一篇都先舉一個實例，或是說一段故事，希望能幫助讀者克服「知識恐懼症」。我是一個沒有什麼想像力的老師，所以書裡面的例子都是我看到或聽到的實例。有些讀者可能會被裡面的例子「嚇到」，但是請相信我，我真的已經很「委婉」地敘述校園裡的情形了。故事裡的校園，大多數仍然有能力分班的問題，請不要誤會我在危言聳聽。我大膽地說：只要大家對分數的迷思不去，對明星學校的幻想不除，能力分班的現象就不會死，它只會以各種形式存在於各級學校之中。

雖然如此，我卻想請讀者不要去深究故事的真實性，因為我並不想去批判故事裡的人物，只是借用這樣的例子來做說明罷了。我也希望讀者們不要被我的故事所限制住；因為我是老師，用學校的事情來舉例對我來說是再方便不過的了，但是書裡面所介紹的理論可不是只能應用在教育現場；我相信有人的地方，就一定會出現許多和人有關的問題，希望這本書也能對「非教師」有幫助。

讓我這個化學系畢業的學生來寫這樣的一本書，其實自己也感到心虛；就當我是「野人獻曝」吧！我希望大家能從對心理學知識的瞭解，進而避免掉一些人性的盲點。

最後，如果您是老師的話，請容我建議您把大學或是修教育學程時所學過的教育專業知識再拿出來複習，相信會有更深刻的體會。大家都說要提高老師的專業地位，但是老師的專業地位在哪裡呢？國文、英文、數學、理化等學科的知識嗎？我認為這些東西絕大多數的家長在以前都學過，不應該被稱為我們的專業知識。我覺得這幾年教師的社會地位會逐年下降是有道理的，因為我們總是把教育專業擺在分數追逐的後面；而提高學生成績這回事，似乎補習班總是做得比學校好（它們本來就是為了這個目的而產生的行業）。如果學校還一直在鑽「分數追逐」的死胡同，老師們也就只好繼續憂鬱下去了。

目錄

【學習】 001

1. 從衆（conformity） 002
2. 單純曝光效果（mere exposure effect） 012
3. 模仿（modeling） 021
4. 跛足策略（self-handicapping） 027
5. 過度辯證效應（over justification effect） 035
6. 戀愛基模（love schema） 044
7. 習得無助（learned helplessness） 054

【關係】 067

8. 睡眠效果（sleeper effect） 068
9. 破窗效應（broken window effect） 078

10. 連結與強化（linking vs. reinforcement） 091
11. 懲罰之前（before punishment） 108
12. 旁觀者效應（bystander effect） 121
13. 消弱突現（extinction burst） 130
14. 自我實現預言（self-fulfilling prophecy） 144

【決定】 155

15. 正義世界假說（a just world） 156
16. 自我評價維護理論（self-evaluation maintenance theory, SEM） 166
17. 自我中心偏誤（egocentric bias） 177
18. 基本歸因謬誤（fundamental attribution error） 190
19. 印象的初始訊息（primacy effect） 203

20. 虛假的一致（false consensus） 215
21. 服從（obedience） 228
22. 認知失調理論（cognitive dissonance theory） 237
23. 團體迷思（group thinking） 249

學習

1. 從眾（conformity）

場景

這一天賴明芳老師在下課後往辦公室的方向移動，心裡想著：「唉！連她也淪陷了。以後這個班該怎麼上才好？」

自從二年級實施分組的制度之後，教英文的賴明芳老師就覺得上起課來很沒有成就感。一年級的時候，雖然不知道學生到底有沒有聽懂，但至少班上大多數的同學都會認真地盯著她看。班上同學成績有好有壞，不過平均分數也還能維持在五十幾分，提問題、講笑話也都有基本的反應。但是升上二年級之後，學校實施分組教學，賴明芳老師上課的一年九班在二年級成了 B 組班，成員大概改變了二分之一。剛開學的時候上課氣氛還可以，憑著一年級時和同學們建立的深厚情誼，原本一年九班的成員多數還是很捧場。雖然成績不怎麼樣，但是只要上課時的互動還過得去，一切也沒什麼好抱怨的。

隨著一次次的段考過後，二年九班的學習動機就一次次地低落。從開學以來，學生們的眼神慢慢地由聚精會神變得黯淡渙散，目光漸漸地從講台上的老師移向抽屜裡的漫畫；剩下少數還想堅持的同學，卻感覺自己的頭一直在膨脹，膨脹到頸椎已經無法負荷它的重量，必須靠在桌上才能得到抒解。到了二年級下學期，班上還有心在上課的人數已經只剩下個位數，這其中，張子喬一直都是賴明芳的精神支柱。她的英文成績其實不錯，只是受到數學和理化兩科的拖累才沒有辦法被分到 A 組班上課。在二年九班全班上課意願低落的情況下，賴明芳幾乎只能對張子喬上課了，好像只有她才聽得懂，也只有她才願意聽。

張子喬一定也感受到了老師的關愛，特別是當她確定被分到 B 組班的時候，感覺好像遭到全世界的遺棄，這時候還有賴明芳老師這麼願意看重她的存在，讓她心裡真的非常感動，她也真心地決定要認真地讀好英文來回報賴明芳老師的器重。一個學期過去了，她的確表現得很好，就算在 A 組班裡，她的英文成績也絕對能名列前茅，只可惜數學和理化的成績一直都沒有起色，或者可以說是變得更差了（因為讀書時間分配的問題）。

二年級結束了，過完一個暑假之後，大家又再度回到學校打算度過國中生涯的最後一年。張子喬打算以同樣的方式來面對國三的學習，卻發現她的同學好像變了，她不太能理解暑假期間發生了什麼事，但是同學們似乎變得有點排擠她。她好不容易才從好朋友慧芸口中問到原因，原來是因為她對讀書的積極態度，威脅到班上其他同學的存在。如果大家都不讀書，那麼不讀書就是一個常態，沒有什麼對不對的問題；可是有一個人這麼不合作地想要讀書，她的「好」就彷彿是在強調別人的「壞」一般地刺眼。當然，她沒有錯，班上的同學也不會因此而推她、打她、罵她，但是大家就是自然而然地不太想理她。

聽到慧芸這麼說，子喬的心裡開始感到茫然了。她這個年紀還不太會思考未來，在她心目中衝擊的情感，只是「回應明芳老師的期待」與「尋求同儕的認可」這兩件事的掙扎。慧芸最後還好心地勸她：「我覺得妳也不要那麼認真了，反正我們只是 B 組班，全校也沒有老師對我們有任何期待，而且說實在的，妳現在這麼拼又怎麼樣？上不了國立的高中，結果還不是和我們一起在私立高中當同學。」

子喬猶豫了好久一直沒有辦法做出決定。明芳老師當然在上課的時候發現了她的心不在焉，於是下課的時候，明芳老師特別把子喬找來聊天：「子喬，妳知道嗎？或許妳現在是在 B 組班，老師也不敢騙妳說只要現在開始認真，一定能考上好的學校。然而，國中階段只不過是妳生涯中的一小段，妳以後還有高中、大學甚至研究所可以讓妳有機會展現妳的實力，證明學校現在的分組是錯誤的結果。老師相信妳有英文方面的天賦，繼續努力下去，妳一定可以打敗現在那些 A 組班的同學。

只是如果妳在這個時候選擇放棄，那麼妳等於是對那些看不起妳的人投降了，難道妳真的要讓別人的錯誤，影響到妳未來的成就嗎？」

得到明芳老師的鼓勵，子喬終於又再度振作起精神。沒錯，同學是一時的，只有自己會永遠陪在自己的身邊。不管原因是什麼，現在不努力，後果只能由自己承擔。子喬勇敢地做自己，不去理會同學們的雜音。

三年級下學期，愈是接近畢業的日子，同學們的心情就愈是浮動，子喬的處境也愈是辛苦。老實說，就連子喬最要好的朋友——慧芸，也已經有一陣子沒有往來了，她在班上強烈地感受到孤單。每次在看書的時候，心中往往浮現一些討厭的聲音：「算了吧！這麼認真又有什麼意義？增加三分、五分嗎？對結果又有什麼幫助？看看妳身邊的同學吧！玩牌、下棋、聽MP3，日子過得多麼悠閒啊！反正你們最後還不是會在同一所私立高中，又何必浪費現在的時間呢？放棄吧……」

子喬不想理會心裡面那個討人厭的聲音，但是她也不得不認真地面對「孤單」的問題。是的，明芳老師很器重她，甚至其他老師也都覺得她很不錯，在B組班還能做到這樣的堅持。但是她只是一個國中生，她實在是忍受不了被同學隔離的感覺。

子喬終於放棄了，她上課時迴避明芳老師的目光，下課時總是在第一時間衝出教室，深怕老師又再找她去談話。在她開始在上課時間看小說的時候，同學們也開始願意讓她靠近了；當她敢在上課時間把耳機塞到耳朵裡聽 MP3 的時候，同學們更是主動找她聊天了。最後，她成功地找回朋友，下課時間可以和同學們聚在一起討論各種無聊的八卦問題。雖然她對那些話題一點興趣都沒有，但是想到終於有同年齡的講話對象，感覺就安心許多。至於明芳老師，子喬難免會不時地泛起一股歉意，她心想：「我畢業之後一定會寫一封信向老師懺悔，而且上了高中之後也一定會好好地認真讀書，等到我成功之後，我一定會第一個告訴老師這個好消息……」

但是，未來的事誰知道呢？放棄堅持之後，子喬還有未來嗎？

故事背後

有一次看電視節目的時候，訪問的對象是一個新生代歌手——范逸臣，一個看起來非常斯文，唱起抒情歌曲 “I believe” 非常動聽的歌手。但是聽到他說他國中的時候也曾經和同學拿著西瓜刀去找人械鬥的時候，我真是嚇了好大一跳。根據他的說法，他在國中時代因為不喜歡讀書，所以沒有辦法和班上「好同學」那一群人在一起；但是在國中生這個環境，若是沒有一個團體可以依附的話，是非常危險的事（這或許不是一個客觀的想法，但是根據現象學的論述，本來就沒有客觀這回事，當事人的想法絕對是最重要而唯一的想法）。於是，他靠到了那一群會打架的朋友那一邊。當他拿著西瓜刀準備「出征」的時候，他內心充滿了矛盾與惶恐，但是，他還是做了……

在心理學的定義裡，當個體表現某種行為時，其理由並非自己想做，而只是因為團體裡的其他成員都這麼做，這樣的現象就叫作「從眾」。通常是個體在實質或想像上，感受到團體的壓力，因此放棄了自己的意見或行為，而表現出符合團體價值觀的意見或行為。

艾許（Asch）曾經做過一個有關「長度判斷與從眾」的實驗。他先準備一張卡片，上面畫有長、中、短三條線段，並且分別標示為 a 、 b 、 c ，受試者看過後收起來，然後再提供另一張卡片，詢問受試者卡片上的線段應該是屬於 a 、 b 、 c 三線段中的哪一條？參與實驗的一共有五個大學生，但是其實有四個是搗蛋分子。剛開始，四個人都不搗蛋，大家（包括唯一的受試者）幾乎每一題都能答對。但是幾題之後，四個搗蛋分子開始故意大聲地說出錯誤的答案（雖然錯誤，但是四人的答案是相同的），藉此觀察受試者是否會因此而更改答案？

實驗結果發現有三分之一的受試者會配合其他四人說出錯誤答案，也就是發生從眾現象；在五次的實驗中，更有高達四分之三的人會至少從眾一次。為什麼會發生從眾現象呢？一般認為原因有兩個：第一是為求正確。人們通常比較相信團體所提供的訊息是最佳訊息，為了追求正確，那就聽大家的話吧！第二是遵循團體規範。人們不希望自己被視為特異分子，害怕因此而被疏離，所以不管別人說什麼，只要站在多數人的那一邊，相對就會安全許多。

赫伯特（Herbert）在研究從眾現象的時候，提出從眾的歷程，認為人們發生從眾現象的時候，通常會經歷下面幾個階段：

1. 順從：個人為了避免因為不從眾可能會受到團體的懲罰，只好順從於團體的決定，這個階段通常是「口服心不服」。
2. 內化：在順從的階段中，個人的自尊會受到打擊，因為不願意承認自己居然為了逃避團體懲罰，而放棄自己的想法。於是個體開始相信團體的意見是正確的，開始調整自己的價值觀向團體的價值觀靠攏，此時，個體已經接受團體的意見或行為。這個階段已經是「口服心服」。
3. 認同：個體的價值觀已經符合團體的價值觀。嚴格說來，此時已經不能稱為從眾了，因為此時的個體就等於團體，個體所表現的意見或行為，均能符合團體的想法。

有很多人在看待分班／組或是校園暴力的問題時，總是習慣把它看成是一個單一事件來討論。事實上，隱藏在這些現象之中的「從眾」現象才是最應該被注意的議題。

「從眾」是一個心理學的現象，本身並沒有好壞之分。在上述舉的例子裡（分組及校園暴力），看到的好像都是不好的部分，然而若是我們注意到這個現象，又何嘗不能把它導引到好的一面呢？老實說，我們現在的教育似乎都傾向菁英教育，眼中只有前三名，學力測驗也只能看到 PR 值在九十分以上（有希望考上第一志願）的同學。個人以為，菁英教育應該是個別家長需要關注的教育方式，但是國家教育應該以全體學生的最大利益來考量。

學校在每一次的段考之後，都會利用升旗的時間做各班前三名的頒獎，這真的很花時間，而且往往耽誤到第一節的上課時間（至少是上課前的休息時間）。可是教務處說讓同學上台領獎，可以對全校的其他同學起激勵的作用，所以堅持繼續做下去。真的有效嗎？考試前三名的同學又不是「眾」，怎麼能夠引起其他同學的效法呢？

我覺得人心是複雜的，其複雜的程度應該遠超過世界上的任何一座迷宮，所以就讓我們用迷宮來做解釋吧！大多數的迷宮都可以在入口處看到終點，這樣才能讓我們在心底有一個「正確的方向」可以依循；但是如果直直地往終點前進，我幾乎可以保證一定走不到終點，要不然還算什麼迷宮呢？相同的，希望學生讀書嗎？拿著棍子逼他坐在書桌前盯著書本看是一個方法；有一些老師喜歡把學生在下課或放學時間叫到辦公室來看書，這又是另一個方法；不過這種方法都太直接了，就好像走迷宮時直直地往終點走。或許，這些人手上有一把開山刀，可以狠狠地砍出一條路來，但是這樣太容易失敗了，也不符合教育的精神。

我在和學校老師聊天的時候，發現某個老師談起教育目的時，講得頭頭是道、振振有詞，我在一旁聽著也不斷地附和點頭，但是談到任何達成目的的方法時，我就不敢苟同了。他談到孩子們應該要培養未來的競爭力（用力點頭），所以要加強課後輔導（用力搖頭）；他說學力測驗很重要（輕微點頭），所以平時就要多做模擬考、複習考（拼命搖頭）；他覺得孩子要培養挫折容忍度（認真點頭），所以平常就要多施加壓力讓他們習慣（死命搖頭）。我覺得像這樣子的推理都太過簡單、太小看教育這回事了。難怪家長們都看不起老師，因為這種推論隨便哪個家長都做得到，又何必要老師來教呢？

教育要從多數人著手，然後讓這多數人自然發揮他的影響力，讓少數人不自覺地想要跟隨。然而，要如何才能夠影響這多數人呢？我曾經在《逃學老師》一書裡提到「團體」的觀念，也提到領袖的角色如何在團體裡扮演著引導流行的角色，簡單地說，還是一句話：「站在學生的立場來帶領學生。」我恨死了有一些人會說：「我這麼做都是為了孩子好。」我很想問這些人憑什麼決定什麼才是「好」或「不好」？有什麼權力可以把自己的價值觀強加在孩子的身上。就因為孩子不懂事嗎？那麼又做了多少的努力來讓孩子懂事呢？還是覺得不懂事最好，這樣就可以盡情地操縱他們。

因為「從眾」的現象，我想呼籲大家看事情的時候，不應該只是看到表面，而應該去思考背後的原因。就像一開始舉的例子，子喬在最後關頭放棄了，如果只能看到「又一個學生墮落了」，那麼接下來就只會看到第二個、第三個、第百個、千個。又像是國中時代的范逸臣，假設他真的被警方逮捕了，大概會被留在看守所裡待幾個小時等家長領回吧！但是若不能理解他心裡的掙扎，只懂得把他們「集中」在一起處罰，豈不是更加深他往那個團體靠攏的決心，這又是我們真正想要的結果嗎？

2. 單純曝光效果（mere exposure effect）

場景

我有一個學弟很可愛，人長得普普通通，身材也是瘦瘦小小，聽他在講話，一大堆天馬行空的鬼點子層出不窮，但是看他的行事作風，就知道他從來沒有膽子去從事任何一個他想到的念頭。我講的鬼點子，主要是指交女朋友這回事。在讀大學的時候，誰不知道愛情、社團、功課三個必修學分，少了一個就是自己大學生涯的一份缺憾。對我們這些師範大學的男生來說，功課從來就不會是大問題；社團也往往只是看自己要不要投入而已；只有愛情這一項，大家可說是既期待又怕受傷害，所以這也是我們在男生寢室裡，最常聊到的話題。

說起我這個學弟，應該算是怪人一個吧！如果我問各位讀者：一間寢室裡四個人、四張床，在就寢前每張床上都躺了一個人，但是天亮起床的時候卻只有三張床上有人，大家會怎麼猜答案呢？原來是有一個人半夜爬起來躺在書桌上。請注意，不是趴在書桌上睡哦！而是整個人蜷曲起來躺在書桌上。不用說，那個人當然就是我的學弟。那時候他迷上《歌劇魅影》，中廣大約凌晨一點三十分播出，所以他會準時爬起來聽，然後就懶得爬回床上，直接在書桌上睡到天亮。像這樣的人，居然還可以號稱是系上「發生豔遇」的第一名，一定跌破大家的眼鏡吧！

其實他所謂的「豔遇」，在我們看來只不過是一場誤會，反正他喜歡自我陶醉，我們也不忍心真的去戳破他的幻想，在窮極無聊的宿舍生活中，能夠增添一些話題總是好的。就以四月十七號那一天來說吧！大家在寢室裡打橋牌等著晚餐時間的到來，正好遇上他滿臉通紅地回到寢室。從經驗來看，我們都知道他「又」發生豔遇了，趕緊叫他老實招來。

在這裡必須先交代一下學弟的背景。他是一個轉系生，二年級才轉過來我們化學系，所以有一些一年級的課他必須找時間補修，但因為上課的時間互相衝堂的結果，造成他的部分科目（大多是通識科目）只好到別系上課。說起來是心不甘情不願，但是我們看他根本就是樂在其中，因為他大部分都是跑到國文系或英文系上課，司馬昭之心，路人皆知。好了，那一天，他從國文系下課，天空忽然下起一陣大雷雨，他站在國文系館的中庭，煩惱著要怎麼樣才可以在校園裡的各種掩護之下，以最少的淋濕面積，順利地回到男生宿舍。

就在這時候，旁邊撐起了一把雨傘，有一個甜美的女生的聲音對他說：「你忘了帶傘嗎？我送你回宿舍好了。」學弟就這樣靦腆地讓一個女生送回宿舍。說到這裡，我們寢室裡的所有人都興奮了起來，大家七嘴八舌地討論著：

「然後呢？接下來發生了什麼事？」

「沒事啊！接下來我就上來寢室了啊！」

「哇！那，那個女生叫什麼名字？住哪一間寢室啊？我馬上來安排寢室聯誼。」

「不知道耶！我又沒有問她。」

「天啊！怎麼會有你這種豬頭，那她長得怎麼樣？該不會是很抱歉所以你就不想問了吧？」

「我也不知道耶！因為那時候我很緊張，所以從頭到尾只有盯著兩個人的腳，她穿白色的涼鞋，腳趾頭還不錯看啦！」

「哇哩咧！從國文系館走過來至少要十五分鐘，這中間你們都在聊什麼啊？」

「沒有聊什麼啊！我又不敢問，她也沒多說話，所以我們就靜靜地走在雨中。她送我到宿舍後就走了，後來我想到要說謝謝的時候，她已經離開五步左右，所以我只有看到她的背影。」

「……」

看吧！這就是我學弟。不囉嗦，像這麼不識相的學弟，當然是狠狠地被我們揍了一頓，哪有人把這種遭遇稱為「豔遇」的？慢慢的，當我們其他人都開始交女朋友的時候，我們其實也很為他的未來擔憂，不知道他能不能順利把自己推銷出去。

幾年後，我們收到他的喜帖去吃他的喜酒，看到新娘子的時候都嚇傻了眼。新娘子很漂亮，而且不是那種靠化妝的，而是真的很漂亮，我們要很努力才能把那句「一朵鮮花……」的諺語吞進肚子裡。大家免不了開始問他是怎麼把這麼漂亮的小姐「騙」到手的。

他說新娘是一間水果店的員工，而水果店就在學校附近。那時候學弟剛出來教書，學校裡的老同事特別喜歡幫年輕的老師做媒人。有一次，某一個老同事出來買水果的時候，看到這麼漂亮的小姐，就興起了把她和學弟湊合在一起的念頭。剛開始還只是半開玩笑的性質，老同事硬拖著學弟到水果店買水果，結果學弟對她也是一見鍾情。可是像他那種色大膽小的人又能夠做什麼呢？於是學弟三不五時地到水果店買水果來請辦公室的同事吃。雖然小姐很熱心地會和學弟寒暄幾句，但是害羞的學弟每次的答腔大概都只有「嗯！」「是啊！」「大概吧！」這類的發語詞。事情過了大半年，水果錢花了數萬，唯一得到好處的大概只有水果店老板和辦公室裡的同事吧！兩人的關係幾乎完全沒有進展，看得老同事們大搖其頭，都覺得學弟真是「朽木不可雕也」！

關鍵的日子是一個很普通的一天，學弟又來買水果了。興高采烈地選了一袋葡萄要來稱重，卻發現美麗的小姐神色抑鬱、雙眼微紅，學弟雖然老實倒還沒遲鈍到瞎了眼，可是笨拙的他又說不出什麼安慰的話，隨手把剛買來的音樂 CD 拿了出來，說：「這個很好聽哦，送給妳！」轉身就走了。不知道這算不算是音樂的魔力，總之他們的關係從那一天開始有了變化，過程就不再詳述，反正結果大家都知道了。但是在場的我們聽完他們的故事之後，仍然感到非常好奇，難道交女朋友是這麼容易的事嗎？

故事背後

交女朋友當然不是一件容易的事，不過在數年後，當我知道「單純曝光效果」的時候，忽然覺得多年的疑惑算是可以得到某種程度的解釋了。在此要先嚴正聲明，本文並不是要教大家如何追男朋友或女朋友（當然，若是讀者因此而成就一段良緣，我也很樂意就是了）。我只是想到，單純曝光效果或許可以應用在教育情境之中。

雷中格（Zajonc）曾經做過一個有趣的實驗。他讓一群人觀看某校的畢業紀念冊，並且肯定受試者不認識畢業紀念冊裡出現的任何一個人；看完畢業紀念冊之後再請他們看一些人的相片，詢問在這些相片中，喜歡哪一個人？結果發現，在畢業紀念冊裡出現次數愈高的人，被喜歡的程度也就愈高；他把這個現象稱為「單純曝光效果」。本實驗顯現，只要一個人、事、物不斷在自己的眼前出現，自己就愈有機會喜歡上這個人（或事、物）。

做商業廣告的人對這個現象一定不陌生。事實上，可口可樂公司還曾經做過這樣的廣告，它要求電視台在節目進行的過程中，很快速地閃過幾個字：「我很想喝可口可樂！」速度快到電視機前面的觀眾幾乎沒有人可以辨識出來；但是很神奇的是，觀眾有很高比例在看完節目之後，忽然覺得自己很想要喝可口可樂，而且真的會跑到樓下的超商買可樂。雖然他沒有意識到那些字的內容，但是潛意識卻已經把它印下來了。這個方法很快就被美國政府禁用，因為這樣涉嫌欺騙，不過這個理論也因此被廣為應用。我們發現有一些廣告根本看不出它和產品有什麼關係，但是沒關係，只要它曝光次數夠多，一樣可以讓產品熱賣。

網路商機也一樣，所以各網路業者都希望能夠成為用戶端的入口網站，這表示會有很高的曝光率，電腦一打開就可以看到它的存在，當然也會造成廣告主願意買廣告的主要動機，增加廣告收入。連書籍的熱賣也和它有關係，各大書局都會在入口處設置暢銷書排行板，多數逛書店的人也都會先在這邊稍微進行瀏覽。有一次，在電視上看到蔡康永在訪問一位第一本書就成了暢銷書的作家，他說他很擔心自己的書賣不好，常常會在各書局，偷偷地把他的書放到暢銷書區。這位作家當然只是開玩笑，一、兩家書局改變位置不會有熱賣十萬本的佳績，人家真的是靠實力的。

我相信我的學弟並沒有那種心機，故意去用這樣的技巧，但是在無意間，因為他太常出現在對方面前了，某種程度提供了對方一種安全感，使對方相信和學弟在一起是很安全的事。基於當時發生了一些事情，讓女主角忽然對安全感的渴望倍增，於是學弟就這樣「賺到了」。我記得我國中的時候，有人教我追女朋友的方法：每天提早到學校，然後放一張內容完全空白的卡片在喜歡的女孩子的抽屜裡；慢慢地在卡片上添加一些讚美的句子，持續一段時間後停止；然後觀察女孩子是不是產生不安的感覺，那麼就可以送上一張簽名的卡片，以後就可以順利交往了。理由是女孩子會不安是因為她已經習慣了收到卡片，這就表示你已經在她的心中有了一席地位了（不過這個方法不適用於成年女性，這些女性不會像國中女生一樣單純、容易受騙，只會覺得遇到變態）。

不小心又開始教大家交女朋友了。言歸正傳，讓我們回到校園裡吧！有沒有人想過，為什麼「導師」對學生會這麼重要呢？有些藝能科的老師說他很委屈，明明是班導，可是一個星期只有一堂美術課，要怎麼進行班級經營呢？事實上，雖然他一週只有一堂課，但是他在學生心目中的地位仍然比那些每週有四堂課的英文、數學老師還重要。為什麼？因為他有獎懲的權力嗎？我認為不是，而是因為每天都有早自修、午休的時間，導師每天至少要和學生見兩次面，完全符合單純曝光效果。

另外，或許有些導師可能會針對某個現象而感到氣餒。因為和某位導師比起來，明明自己在自己班上的課比他在他班上的課還多，做起班級經營的時候也比他積極許多，辦了更多活動、考了更多試、和學生有更多的互動，這不是表示他和學生有更高頻率的接觸嗎？理論上，他應該受到學生更高的愛戴才是，但為什麼好像那個在班上什麼都不管的導師，學生反而更喜歡他？

這裡必須提及單純曝光效果的限制；它其實沒有那麼「單純」，其中至少還有以下三點需要特別注意：

1. 一開始就讓人感到厭惡的事物，無法產生曝光作用。
2. 如果兩個人彼此之間已經有一些衝突，或是性格上本來就不合，愈常見面反而愈擴大彼此的衝突。
3. 過多的曝光會引起厭煩。

不管是老師在教育學生，或是家長在教育孩子，我其實都很想強調一個觀念：如果不是很清楚而有把握地知道自己正在做什麼？做這件事會有什麼樣的優、缺點？我會傾向鼓勵老師及家長們，與其多做一事，不如少做一事。要求愈少，我們與孩子的關係就會愈「單純」，那麼就愈容易發生「單純曝光效果」，也就是愈容易讓孩子願意和我們親近。

我把這篇文章放在〈學習〉這裡，是因為我覺得這個現象除了無意間會在班級經營裡發現之外，或許還可以特意地把它應用在學習態度上。就好像剛剛提及可口可樂的例子一般，與其長時間而集中時段地打廣告，倒不如把時間縮短，然後讓出現的次數增加。以數學或英文這兩科普遍令人討厭的科目來說，強迫自己每個星期日在書桌前把這個星期所教過的單字背完，或是把數學習題做完，通常只會加深對這兩科的厭惡，就算勉強背下來了，大概也很容易就會忘記。

應用單純曝光效果，我們可以要求孩子每天花一些時間來背英文單字、做數學習題，時間不要長，只要養成保持接觸的習慣就好。所謂的接觸，其實也不一定要限定在課本的知識，英文還可以透過看英文電影、聽西洋音樂、看英文雜誌、玩英文遊戲等方式進行；而數學也可以參考坊間許多玩數學的書，或是其他和邏輯訓練有關的遊戲（例如數獨），都可以讓孩子很中性地感受到這些學科的樂趣及重要性。若是孩子在一開始就已經對這些科目感到厭惡，那麼安排接觸的時間以及頻率都應該少一些，等到習慣以後再慢慢增加。另外，若是每天都接觸會有壓力，或許也可以考慮兩天才接觸一次。

其實，會對英文或數學感到厭惡，通常都不是來自這兩個科目本身的因素，而是因為考試考不好，可能被比較、被處罰，才會造成孩子心目中的不愉快。若是把這一層因素拿掉，讓英文、數學等科目就只是一個單純的學科，那麼只要持續接觸，一定會開始對它發生興趣。

3. 模仿（modeling）

模仿是大家都很熟悉的觀念，中國人一直都有「身教重於言教」的說法，其實也就是在強調孩子的模仿能力。像這麼通俗的觀念，又有什麼好說的呢？其實正因為它太過通俗了，往往讓人們把「熟悉」誤會為「瞭解」，以為自己清楚模仿是怎麼一回事，反而忽略了其中一些需要特別注意的細節。不過它因為太普遍了，所以本文並沒有另外做故事的鋪陳。

美國史丹福大學教授班杜拉（Bandura）曾經做過一個小實驗，他讓三組兒童分別觀察一段影片：前半段都是一個成人正在對一個充氣的人形玩偶拳打腳踢，但是在後半段中，a 組兒童看到這個成人受到懲罰；b 組兒童看到這個成人得到獎勵；c 組兒童則沒有看到這個成人有什麼好或壞的結局。影片看完之後，實驗者分別把這些孩子帶到一個房間中，房間裡有很多玩具，特別是一個橡皮假人的玩偶擺在中間顯眼處，然後讓孩子自己在房間玩耍。結果發現，a 組的兒童對橡皮假人表現粗暴行為的次數最少；其次是 c 組兒童；至於 b 組兒童，根本就是卯起來打。

班杜拉根據上述的實驗提出社會學習論，意指「學習者在社會情境中，會經由觀察別人行為的表現方式，以及行為的後果（獎勵或處罰），間接學習到是否要表現某一個行為。間接學習的過程稱為模仿（modeling），而模仿的對象則稱為楷模（model）」。除了模仿的觀念之外，班杜拉進一步提出，在觀察學習的過程中，個體會經歷四個階段：（1）注意（attention）：個體觀察到某個行為，並且以自己的想法來解讀這個行為；（2）保持（retention）：將某個行為經過內在編碼之後，存在自己的記憶之中；（3）再生（reproduction）：將自己記憶之中，楷模所表現的行為，用自己的方式表現出來；（4）動機（motivation）：當行為習得之後，會在日後適當的時機，主動表現出來。

如果我們把模仿當成是一個學習的歷程，那麼其實在第三個步驟（再生）的時候，個體已經學會了楷模的行為。但是班杜拉特別強調了第四個步驟，因為動機代表個體對所學習到的行為的認同。很多人常忘記第四個步驟的主動性，總以為學會了就要表現出來，卻沒有想到「會了」和「願意表現」根本是兩回事；如果沒有足夠的動機，就算會了也不見得願意表現。我曾經遇過一位學生，他的英文程度其實不錯，但是每次考試的時候，英文總是隨便寫一寫就交卷了。我是在一次閒聊的時候（他來問我理化題目），意外發現他的英文不錯，就問他為什麼英文成績總是這麼差呢？他說他很討厭他的英文老師，所以不想認真考一個好分數，好像是英文老師教得很好似的。還說反正到最後學測的時候再表現就好了，學校成績又不算什麼。我在猜想，如果一個學校經營不善，校長、主任要指責老師不認真的時候，是不是也要檢討一下可能因為自己做得不好，讓老師們不想好好表現。

「會了就應該要表現出來」，這是一個常見的迷思概念；反過來說，「沒有表現出來就等於不會」，則是另一個錯誤的迷思概念。班杜拉的理論引出了另一個很重要的觀念——潛在學習（latent learning）。布魯傑（Blodgett）曾經以白老鼠為對象進行了一個實驗，訓練白老鼠能在迷宮中循正確路徑走到終點。

實驗分成三組，第一組白老鼠實驗前不餵食，到終點後給予食物；每天練習一次，平均表現到第七天時，白老鼠可以順利通過迷宮。第二組白老鼠則是前兩天在實驗前餵食，走到終點後不提供食物；但是第三天開始，改成實驗前不餵食，在終點處提供食物（與第一組相同）。結果發現，前兩天的練習幾乎沒有進步，反正實驗前就吃飽了，而且終點也沒有食物在等牠，乾脆在迷宮裡隨便亂逛就好。但是從第三天開始，白老鼠要認真找路了，因為肚子很餓，而且要到終點才有東西吃；結果發現進步迅速，到第七天的時候，表現與第一組相同，感覺好像比第一組厲害，因為牠們只認真了五天。

第三組的白老鼠連續六天都在實驗前餵食，終點不放食物，任憑白老鼠在迷宮中散步，從第七天開始改變形式；結果發現白老鼠在第九天的時候就可以達到順利通過迷宮的表現，好像又更厲害了，因為牠們好像只認真了三天時間。然而這三組的白老鼠都是同一批，不應該有智力上的差異。布魯傑對此的解釋是：在第二組及第三組前半段的實驗中，雖然表面上沒有發生學習，但實際上仍然對白老鼠產生影響，就看有沒有動機讓個體表現行為罷了。

有些老師可能會對自己認真教學之後學生的表現感到失望；也有一些老師灰心在現在的教育環境下，根本不可能教給學生什麼正確觀念。其實，凡走過必留下痕跡，老師在現階段的努力，或許學生在主、客觀的因素下沒有辦法表現出來，但是這些努力已經對學生造成了影響，只要日後時機成熟，學生就會證明老師的努力沒有白費。當然，這個時候老師可能不會知道，但是我相信老師們應該可以做這樣樂觀的期待。

再回到模仿學習。雖然學習是由模仿而來，但是很顯然地，在同樣的情境中，並不是每個人都會產生相同的觀察學習。那麼，哪些條件會影響觀察學習呢？想要以身教來影響學生的老師或家長們，或許應該注意班杜拉曾經提出的六點原則：

1. 楷模與學習者間，在人格特質上相似（人格特質包括年齡、性別、家庭背景、學業成就等）。
2. 在學習者心中，楷模的角色就像偶像一般值得崇拜。
3. 楷模的行為明確，讓學習者可以清楚認定。

4. 楷模所表現的行為，有明確的行為後果。
5. 學習者表現模仿行為之後，能夠得到增強。
6. 楷模所表現的行為，是學習者能力所及的範圍之內。

楷模具有上述愈多的特點，愈能夠引起學習者觀察學習（模仿）的動機。由上述六點，進一步來分析學校內的現象，或許可以破除我們些許的迷思。

大家都知道身教的重要，絕大多數的老師也願意以身作則，希望學生從他們身上學到正確的人格特質，但是結果總是令人失望。可能原因如下：

1. 老師的年齡顯然不同於學生，不符合第一點。
2. 老師可能不是一個值得崇拜的角色。回想以往的作文題目：「我的志願」，統計結果可能是「當老師」會得到冠軍，這是因為以前的老師有絕對的權力、崇高的地位，但是現在，我已經不只十幾次聽到學生用同情的口吻對我說：「現在當老師真辛苦！」如此，何必學習老師的行為呢？
3. 因為電視、網路的泛濫，以及過度呵護的問題，我發現現在的學生對生活周遭的觀察能力變差了，於是老師的行為可能根本沒有被注意到。
4. 不知道從什麼時候開始，冷漠成了散播在每個人之間的常態性病毒，所以我們所表現的行為，不管好、壞，似乎都沒有人關心。做好事沒有人鼓勵，做壞事也沒有人責備，既然什麼事都沒發生，學生也就不知道學習這些行為有什麼意義了。

我想要單獨把注意事項的第五點提出來討論。是的，當學生開始對楷模進行模仿學習的時候，一定要記得提供所謂的增強；但是增強包含兩者，外在增強以及自我增強。外在增強就是所謂的獎賞，可能是實物的獎品或是我們精神上的鼓勵與肯定。對於年紀小的孩子來說，因為他們比較重視感官的刺激，所以外在的獎賞可能多以實物為主；但是隨著年齡的增長，就應該盡可能地減少實物獎品，轉而教導孩子去感受精神上的肯定；更進一步，讓孩子能夠學會自我肯定，讓他在工作的時候，是為了追求自身的成就感，而不是一直停留在外界的酬賞。這絕不是要師長們省下買獎品的錢，而是要鼓勵孩子往更成熟的心態發展。

最後，不少人擔心班上或者學校裡的一些行為偏差問題，會有擴展的危險，因為其他學生也會開始模仿。其實在正常的情況下是不會有擴展危險的，因為這些行為通常會得到被懲罰的行為後果，因此不值得學習。除非，行為後果不夠明確，讓其他人覺得犯錯幾乎沒事一樣。也有可能是在處理事情的過程中，把這些同學塑造成「勇於挑戰權威」的英雄，那麼就可能會讓其他同學起而效尤了，這是值得警惕的現象。

4. 跛足策略（self-handicapping）

場景

在教室裡，大多數的同學都在埋頭苦幹，準備著下一節要考的英文。孫珊如維持同一個姿勢過久，所以把頭抬起來活動一下，順便看看其他同學的情形。左顧右盼一番，看著大家一副愁眉苦臉的樣子，讓她感到安心了一些。昨天很認真地看到晚上十二點多才睡覺，可是好像還是沒有什麼信心，看大家似乎也都還沒有準備好，她不禁偷偷地笑了一下。這時候，她的眼角掃到坐在她左後方三個位子的江純佑，咦！他的表情怎麼好像不太一樣？沒有其他人那種緊張的感覺；稍微把頭探高一點再好好地偵查一下，什麼！他竟然在看《魔戒》，下一節要考英文耶！這傢伙還有時間看《魔戒》？

孫珊如用手肘輕輕地碰了坐她旁邊的謝軒志，「喂！你有沒有看到？江純佑在看《魔戒》耶！」謝軒志回頭看了一下說：「那傢伙八成是頭殼壞了，昨天還打電話來約我一起玩線上遊戲，我當然是沒有理他。不過不知道他昨天晚上有沒有真的玩？」孫珊如又回頭看了江純佑一眼，心裡想著：「看情形，這一次他真的是不打算準備了，那我應該可以輕鬆獲勝了吧！」

孫珊如和江純佑兩人總是互為班上的第一、二名，到了三年級之後，孫珊如更是把擊敗江純佑視為主要目標。看江純佑這麼「墮落」，雖然心情輕鬆了不少，但是好像也有點失落，像這種對手，贏了好像也沒有太大的成就感。考完英文，孫珊如詳細地檢討了考卷，估計應該有九十二分吧！她不經意地繞到江純佑的身邊，然後問他：「喂！你覺得這次的英文怎麼樣？真是的，老師幹嘛出這麼難啊？害我大部分都不會寫。」江純佑說：「唉啊！我也是都不會寫啊！這陣子都忙著在玩線上遊戲，差點就忘記今天要考英文了。」孫珊如心裡暗爽，口中卻不動聲色地說：「完蛋了，萬一考不及格，不知道要怎麼挨老師的罵了。」

回到家，難得明天沒有考試可以稍微休息一下。孫珊如打開電視，畫面裡是一個要參加歌唱比賽的女生，正在接受主持人的訪問：「……其實我今天的狀況不太好耶！這幾天剛好不巧感冒了，希望不會影響到等一下的表現……這是我第一次參加歌唱比賽，真的覺得好緊張哦……」開始唱了，孫珊如一點都感覺不到她的緊張，也聽不出她現在正在感冒。老實說，孫珊如覺得她表現得還不錯，至少比自己好太多了。來了！接下來是評審講評：「……剛剛葉小姐提到會緊張，其實對於第一次進攝影棚的人來說，緊張絕對是難免的；然而這也剛好是我們要評的地方，若是不能克服這樣子臨場的壓力，想當藝人根本是不可能的夢想……其中有幾處的高音似乎有點乾澀，剛剛葉小姐也說了，可能是因為感冒的關係，但是這是一個歌唱比賽，我們只能以現場的表現來評分……整體表現不錯，相信葉小姐在狀況好的時候，表現一定能夠更為傑出。」

還在看節目，旁邊媽媽和陳阿姨講話的音量忽然提高了幾度，吸引了孫珊如的注意力。「真的啊！恭喜，恭喜！你們家巧昀還真是優秀啊！不是聽說她都一直有在打工嗎？一邊讀書、一邊工作還能順利考上研究所，真是太了不起了。」「就是啊！這個小孩就是不聽話，我都告訴她要先以學業為重，反正家裡又不是負擔不起她的學費，只是這孩子硬是說要體驗生活，說什麼都不想把工作辭掉，專心準備研究所。還好考上了，要不然我一定要好好地說她一下。」孫珊如看了陳阿姨的表情，怎麼看都不像是生氣的樣子，兩個笑眼彎得就像彌勒佛一般。

算了，聽她們在談這種話題，說不定待會兒就會把她扯進去，還是趕快回房休息好了。睡前又看了一會兒書。隔天一到學校，孫珊如就急急忙忙地找英文老師要成績，可是老師要搞神秘，只說到英文課的時候自然就會公布。唉！只好耐心地再等三節了。終於到了英文課，老師面無表情地走進教室，拿起考卷就說：「你們這一次考的是什麼成績啊？我只不過稍微做了一點點的變化，怎麼你們的腦袋連轉個彎都不會呢？跟你們強調過多少次了，時式一定要注意，明明題目出得是過去式，還有一大堆人在答案選現在式；翻譯第二題，你們連過去分詞都不背，那還要寫什麼過去完成式呢……還好，班上還有一些同學在幫你們撐場面，要不然這次班上的成績根本是慘不忍睹。好了，等一下叫到的同學到前面來拿考卷。孫珊如，九十四分……」

孫珊如站起來，在全班同學的鼓掌聲中，步伐輕盈地往講台前進，鞠個躬拿回考卷之後轉身要回座位；背後老師繼續念：「江純佑，九十二分。」同學們爆起如雷的掌聲；不知道是不是錯覺，好像比她這個第一名的掌聲還要更加熱烈。孫珊如心裡想：「不會吧！江純佑不是打算放棄這一次考試嗎？考前不是還在看《魔戒》嗎？怎麼還能考九十二分，雖然還是輸給我，但是我可是拼死拼活地才拿到這個分數，他居然隨隨便便就拿了九十二分？」

孫珊如的笑容漸漸消失，看著江純佑從他的位子上站起來，右手還舉起來搔搔腦袋，一臉不好意思的樣子，看起來真是非常刺眼。孫珊如又想：「可惡！虧我昨天還特別找他確認，他還說他都不會寫，根本是大騙子一個，以後絕對不能再相信他了。」（可是孫珊如自己忘記了，她昨天也說她可能考不及格，原來她自己也是一個騙子……）

故事背後

所有同學一定都有這樣的經驗，考試前到處問人有沒有準備？然後對方一定說他都沒有看書，這次考試一定是死定了；考完試後再到處找人訴苦：「這一次考得好難，自己都不會寫。」然後對方也一定說：「我也一樣耶！」多數同學可能是自己真的考差了，想要藉由別人說他也不會寫來緩和自己失落的情緒；可惜別人只是對你說客套話，最後發現對方根本考得很好，可是自己真的考得很差的時候，心裡面一定會恨得牙癢癢的。

人們普遍會運用這種小小的狡詐，這可是做過實驗證實的哦！柏格拉斯（Berglas）曾經做過一個「作業表現與藥品選擇」的實驗。他先告訴受試者有兩種藥丸可以選擇，紅色藥丸可以增強自己的能力，藍色藥丸則會降低自己的能力，然後請他們完成一些工作。實驗結果發現，若是受試者被要求的是一個困難的工作，多數人會選擇藍色藥丸（降低能力）；反之，若是簡單的工作，多數人則選擇紅色藥丸（增強能力）。這個結果和我們的想像很不一樣。

為了維持自己的自尊，正常人不太能夠接受「失敗」的事實，所以在追求目標的過程中，往往會故意設下一些障礙，如果還是成功了，那麼表示自己的能力果然很好；萬一失敗了，就可以把失敗的原因歸咎於自己所設下的障礙，避免直接承認自己的能力不足。在上述實驗中，當面對一項困難的工作時，受試者可能預期他不會成功，所以選了藍色藥丸，如此他等一下就可以把失敗的原因說成是受到藥丸的拖累。而面對簡單的工作時，因為工作本身就已經簡單了，萬一失敗不就更糗了；為了確保萬無一失，還是吃個紅色藥丸好了。

在一開始的故事中，總共有三個人選擇了這樣子的方式來維護或提高自尊。在此要特別強調的是，待會兒的分析可能會讓人覺得當事人怎麼會這麼有心機？但是對當事人來說，他其實沒有想太多，只是想讓自己「更快樂一些」罷了。

首先是江純佑，表面上好像對考試很不在乎，不過以結果來看，九十二分絕對不會是什麼隨隨便便的分數，否則就真的太氣死人了。這時候再回過頭來看他考前的動作，他或許在與孫珊如多次的競爭中，察覺孫珊如不是一個可以輕鬆擊敗的對手，既然在實力上未必能夠取勝，不如另闢蹊徑，創造一些假象來為自己得到比分數高還要更高的榮譽；所以他打電話給謝軒志，邀請他一起玩線上遊戲，說不定他早就猜到謝軒志不會答應了，這麼做只是在製造新聞；就算謝軒志答應了，反正江純佑可能已經準備得差不多，就算真的陪著玩兩、三個小時也無所謂。再來就是在考前看《魔戒》這個動作，老實說，有點太做作了，我就是根據這一點來判斷他是在演戲。不過他很成功，所以雖然輸了兩分，還是贏得多數同學的掌聲，而且活生生地把孫珊如努力考到第一名的榮耀給削減大半，所以孫珊如最後給江純佑的評語可真是一點都不冤枉。

再來是電視上那位參加歌唱比賽的葉小姐，做這個動作的人其實可多了。大家可以回憶曾經聽過的一些演講，演講者一上台可能就會先說：「最近比較忙，可是主辦單位一直邀請我來演講，實在是盛情難卻，只好硬著頭皮來獻醜……」「其實我也沒有什麼過人之處，在此只是做一些經驗分享……」「前些天剛好感冒，所以準備可能有一點不夠，請大家能多多包涵……」諸如此類的場面話，當然可以把它視為演講者的「謙虛」；但是在謙虛之外，它也具有「預設下台階」的功能：我都已經先說了，所以待會兒大家若是對我的表現不滿意，請記得那不是我最好的表現，所以不要急著把我這個人完全地抹煞掉。

最後則是那位陳阿姨的女兒，明明要面臨研究所考試了，仍然不願意辭掉工作專心讀書；不過故事裡的訊息太少，沒有辦法判斷她是否用了跛足策略？說不定她真的是非常喜歡那份工作，或是對整個時間的安排很有把握。但是用這種策略的人其實大有人在，特別是考研究所這麼困難的工作，就算全心投入也未必一定能夠成功，到時候失敗了該怎麼面對自己呢？因為「努力」的因素已經無可挑剔，難不成要把失敗歸因於「無能」嗎？這可是對自尊的一個非常大的打擊呢！此外，若是在分心的狀況下，還是能夠考上研究所，那麼最後所獲得的喜悅，也絕不是「只有考上研究所」可以形容的。

上述三個人都使用了「跛足策略」，然而我不認為他們自己真的有意識到自己正在使用這個策略，這也成了使用這個策略的最大缺點：「如果當事人忘了使用某項策略的目的，那麼很容易讓策略本身變成目的。」舉例來說，學生面對考試最有意義的做法當然是要多用功，但是有些學生太迷戀上述的策略，結果完全不打算認真讀書，反而在考試前就先認定自己一定會考差，然後在事前就先準備好所有可以準備的藉口，像這樣的心態當然是很不健康而不足取。

總而言之，自我設障的表現方式可能是在行為上設下真正的障礙；也可能只是在口頭報告的時候，虛構一些不相關的情節，目的都是為了替自己主要的工作表現做掩護。它本身沒什麼不好，其實是一種心理的防衛機制，保護自己的自尊不至於受傷太多（運氣好還可以為自己贏得多一點的自尊）。但是如果我們沒有意識到它的存在，往往會變得過於依賴，反而限制了成長的動力。要知道「失敗為成功之母」，但若是一直逃避失敗，成功也就變得遙遙無期了。

5. 過度辯證效應（over justification effect）

場景

有一次下課時，正要回辦公室休息，後面忽然有學生把我叫住。

「老師，等一下午休的時候，我和溫明浩會比較慢進教室哦！因為我們兩個人要到傳達室拿飲料。」說話的人是湯鈞偉，班上一個很熱心的小男生。

「好啊！這次又是哪一個人要請客了？」我輕鬆地回答。

「是田惠芳老師啦！她說我們班這一次國文的段考分數只要贏過七班，她就要請我們全班喝飲料。結果真的贏了啊！我們就要求田老師要遵守諾言。老師你最摳了啦！都不會請我們喝飲料。」

「哈！哈！那也要看你們的表現啊！你們又沒有什麼特殊表現，我為什麼要請你們喝飲料呢？考試分數不好看，整潔、秩序也沒得獎，這樣也好意思來找我要飲料喝？」

「如果你先說好要請我們喝飲料，那我們就會好好努力了啊！」

「好！好！段考已經來不及了，但是如果你們連續三週都拿到整潔或秩序的比賽冠軍，我就請你們喝飲料。」

「連續三週太困難了啦！改成一週怎麼樣？如果下一週我們班上有得獎，那你就要請我們喝飲料。」

「一週太容易了，好吧！只要連續兩週我就請你們，這樣夠意思了吧！」

「好，一言為定！不過先說好，我可不要喝那種特價的十元珍珠奶茶，我要喝焦糖布丁奶茶……」

離開教室，正巧碰上田惠芳老師也是剛好下課要回辦公室，我特別調侃了她一下：「田老師，都是妳啦！沒事請我班上同學喝飲料，害他們現在都來找我要飲料喝。」田老師聽出我口氣中開玩笑的成分，也開玩笑地回答：「那正好啊！最近不是才剛發薪水嗎？你就拿一點小小的零頭來請同學，也省得帳戶裡的錢多到滿出來……」

一路開玩笑地回到辦公室。在辦公室裡，賴志賢老師聽到我們的對話後，語重心長地告訴我們不要迷信獎賞的功用。他說他以前也曾經使用獎賞的觀念來激起學生的學習動機，一開始只是隨便請同學吃一根棒棒糖效果就很好了；接下來就變成要喝飲料；然後是冰沙；再來變成 7-11 的禮券；到最後則是非電影票達不到獎勵效果。後來他乾脆就放棄了，他說：「好像讀書是老師的事，要老師拜託學生，他們才勉強讀一下。而且我原本只是想提供一點獎品來鼓勵同學，到最後怎麼好像變成我應該提供這些獎品來慰勞同學，想起來就不愉快。」我們聽了都感到有興趣，要求他講詳細一點，他這才把整個演變說了出來。

其實最早是一個偶發事件，有朋友送他一大包的棒棒糖，他正煩惱不知道該怎麼處理這些糖果比較好；剛好有學生來找他，看到桌上的糖果眼睛都亮了起來，大家爭著向他要糖果吃，他隨手給了同學幾根；結果下一節課又有更多的同學來找他要糖果。他靈機一動，宣布下一次的小考若是分數達到標準，或是有進步超過十分的，都可以獲得一支棒棒糖。

好像那支棒棒糖真的很好吃似的，學生們明顯地認真了些。不過賴老師說也很可能是當時的背景因素，那個時代的老師不流行請學生吃東西，考得好是應該，考不好就等著挨打，所以有糖果可以期待，對學生來說還算是一個誘因。總之，棒棒糖效應發揮得不錯。至於賴老師呢？反正不過就只是棒棒糖罷了，又花不了多少錢，賴老師也很高興這樣就可以讓學生有學習的動機；於是之後的每一次小考幾乎都是如法炮製。為了更換新口味，賴老師很頻繁地進出糖果店，和糖果店老板意外地成了朋友，可以用批發價拿到各種糖果。可是這樣子的方法實施幾次之後，賴老師發現學生的成績好像有回復以往的跡象，私底下問幾個同學才知道，他們對糖果的興趣沒那麼大了，隨著季節的改變，他們現在對飲料比較有興趣；於是賴老師又開始去認識飲料店的老板。

不知道是誰制約了誰？但是學生的胃口愈來愈大，等到賴老師意識到的時候，他正在用 7-11 的百元禮券做強化物，而學生已經開口要求電影票了。他忽然感覺這整件事都不對了。他不再去考慮自己是否能夠負擔這樣子的獎賞，轉而思考這樣的獎賞是否真正符合教育的意涵？當認識到獎賞的動作已經變質之後，他毅然決然地停止獎賞的動作。然而，他自己帶起來的風潮已經在學校流行了；停止獎賞之後，他遭到了「報應」。不但被學生說成「吝嗇」，還被同事說成「不關心學生」，自己卻只能如啞巴吃黃蓮一般地悶著。學生的成績？甭提了，根本沒有人要理他的課，成績掉到比一開始完全沒有獎賞的時候還差。

賴老師最後對我們說他最近看過一篇文章〈防蚊液〉，他覺得說得真是太好了。說是老師在逼學生成績的手段就好像在噴防蚊液一樣，剛開始是有噴就有效，到後來如果大家都在噴，那麼蚊子還不是照叮不誤。其實不只是「處罰」的手段會被同學免疫，就連在使用「獎賞」的動作的時候，也應該注意會不會讓學生習以為常。每一個方法都有可能是好方法，而每一個好方法也都可能變成壞方法，運用各種技巧的時候，實在是應該要多三思啊！

故事背後

本文應該不用多做解釋了。自從教育部三令五申地禁止體罰，加上媒體不斷地加以報導、強調之後，很多第一線的老師們都感到手足無措，特別是教學認真的老師們。在他們的觀念裡，體罰是唯一可用的工具，不能體罰之後，就好像要求他們不准帶槍上戰場一樣；但是難道要他們躲起來，從此對學生的偏差行為不聞不問嗎？這又不符合他們做人的人生觀。對他們來說，當老師可不只是一份領薪水的工作而已，他們更希望藉由自己認真的態度，培養國家未來的主人翁。可是該怎麼辦呢？現在不能體罰了，還有什麼方法可以讓學生聽老師的話？好不容易，老師們終於想到還可以用獎勵的方法。雖然它一直存在，但是和體罰相比較，獎勵的成本比較高，效果通常也沒有那麼迅速，所以有很長的一段時間，它都被老師們所遺忘，現在終於又回歸主流了，但是我要很掃興地勸告各位老師，獎勵也不會是萬靈丹，用得不好，後果仍然是滿糟糕的。

我覺得還是讓我們回歸教育的本質吧！人們之所以會持續從事某一項活動，通常是因為有某種程度的動機所驅使。一般來說，動機可分為兩類：其一是內在動機，也就是個人對該項活動感到興趣的程度。其二是外在動機，也就是所謂的外在誘因；通常來自個人做了某項活動之後，他可能會得到的獎賞。

史坦柏格（Sternberg）等人曾經做過以下的田野實驗（指實驗

在現實情境中進行而非實驗室裡的環境；千萬不要誤會是在鄉下的田裡做實驗），他們找來一群國小學童，然後介紹給他們一種有趣的遊戲，孩子們當然很開心地就玩了起來，每次平均可以認真地玩遊戲大約二十分鐘。一個星期之後，實驗者隨機地將這些孩子分組，他們對 a 組的孩子們說：「如果他們願意玩遊戲再久一點，玩得愈久就會得到愈多的獎金。」對 b 組的孩子則不做任何的處置。剛開始， a 組的孩子們玩得更起勁了，大約可以維持三十分鐘的時間，超過 b 組的二十分鐘。再過一週，實驗者對 a 組的孩子們說：「不好意思，因為經費被縮減了，所以現在玩遊戲沒有辦法再提供獎金。」從那一天開始， a 組的孩子們玩遊戲的意願大幅減低；雖然 b 組的孩子也因為對遊戲有點膩了，小幅度地降低玩遊戲的時間，但是數天之後， b 組的孩子還願意玩個十幾分鐘，而 a 組的孩子幾乎根本都不想再去碰那個遊戲了。

史坦柏格等人把這個現象稱作是「過度辯證效應」，意思是內在動機的強度，有可能會因為外在動機的加入而遭到破壞。一件他原本就喜歡做的事情，可能會因為我們不必要的獎賞，讓他誤會自己做某件事的原因是為了得到那份獎賞，結果一旦獎賞消失，他也就失去做某一件事情的動機了。

我觀察我家裡的小孩，發現一件有趣的事。我們家的老大很喜歡玩拼圖，而且功力不錯，常常自己一個人在客廳的角落自得其樂。弟弟看著姐姐玩拼圖玩得這麼專心，所以不時陪在姐姐旁邊，和姐姐一起玩拼圖；姐姐也會不時教導弟弟該把哪一片放在什麼地方。有一次，我正在忙著一些事情，可是弟弟卻在旁邊纏著我，讓我不能專心做事，於是我就請姐姐帶著弟弟去一旁玩拼圖。因為是請她做事，所以我就說等一下爸爸忙完了就買玩具給她。姐姐果然成功達成任務，而我當然也遵守承諾帶她去買玩具。幾次之後，我發現姐姐玩拼圖的次數似乎減少了，有一次開玩笑地問她：為什麼現在很少看她在玩拼圖了？她說：你要買玩具給我嗎？我才驚覺自己好像做了一件很糟糕的事，說不定我家老大可以藉由玩拼圖，培養良好的空間能力，進而做一個優秀的建築師，不過這個可能性似乎已經被我摧毀了。

在學校裡，我看到有些老師使用獎勵的手段已經接近泛濫了，這也難怪，我們的老師真的是太認真了。在這裡，我想要跳開「過度辯證效應」來看另一個問題——「感恩」。所有人都認為大家應該要學會懂得感恩，但是感恩是與生俱來的天性嗎？在獎勵觀念泛濫的校園裡，我發現同學們大多不懂感恩；然而當我把這個想法提出來之後，同學們不懂感恩的現象並沒有得到重視，同事們反而會告訴我不要這麼愛計較，小孩子本來就不懂事，何必要求付出一定要有回報呢？我迷糊了，是的，如果我是一個付出的人，那麼我應該要求自己不需要計較他人的回報，但是這是不是等同於接受者可以不需要說謝謝呢？又，我除了是一個付出者之外，我同時也是一個老師的角色，難道老師可以不去教導學生應該懂得感恩嗎？或是這種感恩還有「排外條款」，家人、老師的付出就可以不用說謝謝？

我很不習慣有些學生的表現，當我要求他們幫我一點小忙的時候，他們總是會先和我談條件，飲料一罐或是嘉獎一支，讓我覺得學生這麼小就這麼功利，這個社會真是一點溫暖都沒有。當然，有些同學只是開玩笑，但是要能夠開某方面的玩笑，同時也代表了他有那一方面的念頭，就好像要聽懂黃色笑話的人，自己也必定具備某種程度的性知識。其次，難道一般人都無法分辨別人是在開玩笑還是在玩真的嗎？

我知道有很多學校，為了鼓勵家長參加學校的班親會或是一些親職演講，常常會答應學生，如果誰的家長有來學校，隔天學校就會幫這位同學記嘉獎一次。這實在是一種很奇怪的現象，首先，家長到校可以算是學生的功勞嗎？如果不是，為了一件沒做過的事而得到獎勵是什麼邏輯？其次，家長到校參與班親會或是聽演講是一種付出嗎？難道孩子到學校來之後，所有責任都應該由學校全權扛起，所以家長到校來參與，學校反而要感動到頒獎？這又是什麼邏輯？

獎勵的動作不應該只被看到外顯行為，還應該深思它背後的哲學觀。假如孩子對「學英文」這件事還沒有特別的喜好或厭惡的時候，媽媽對孩子說：「只要你每天看一個小時英文，我就帶你去遊樂場玩……」這句話的背後意義其實是在對孩子說：「學英文是很無聊的，但是只要你撐得住，我就為了你的努力而獎賞你。」媽媽可能是因為自己討厭學英文，所以一開始就先假設孩子也會討厭學英文，殊不知這樣的獎勵方式，正好讓孩子「學會」：原來英文真的是很無聊的。我有時候會對孩子說：「如果你們趕快把客廳收乾淨，我就讓你們陪我去書房看書……」把「讀書」當成獎品，孩子也就愈來愈喜歡讀書了。

人性傾向懶惰，所以往往選擇曾經用過的方法，或是最簡單的方法，而忽略了這個方法現在還適不適用，或是這個方法已經違反了某些大前題（教育原則）。不幸的是，多數的老師也未能逃開這一個人性。我認為老師們在實施獎勵的時候，不必要求一定要得到回報，或者甚至也不必要求學生一定要懂得感恩；但是至少，一定要讓學生知道這個獎勵絕對不是所謂的「理所當然」。每一次，我看到學生為了一杯飲料而讀書，為了一支嘉獎而出公差，我心裡都很替他們感到難過；難道他們的價值就只是一杯飲料、一支嘉獎而已嗎？如果他們是真心想做，為什麼不懂得去欣賞自己主動做事的喜悅？如果他們並不是真心想做，那麼他們也太容易被收買了吧！

長遠地說，獎賞的效果絕對比懲罰的效果好，但是大家也應該認知，沒有什麼方法是有百利而無一害的。我不是想要勸大家都不要用獎賞的方式，只是不得不提醒大家獎賞的誤用所造成的效果也是很糟糕的，未必不如懲罰。

6. 戀愛基模（love schema）

場景

怡文是國中二年級的學生，經過朋友的介紹，最近迷上了愛情小說，像她現在手上就有一本《愛上射手座的女人》。其實剛開始她也不是很想談戀愛，只是打發時間罷了；身邊的朋友大家人手一冊，有一些朋友，更已經開始在交男朋友了。到底談戀愛是怎麼樣的一種感覺呢？隨著「十二星座系列」的書一本一本地看過去，自己腦海裡愈來愈有一些畫面出現，她想，如果她是書裡面的女主角的話……

這一天，班上的筱芸拿了一封信過來，說是隔壁班的陳俊志要給她的，信裡面寫著：「怡文，我想要認識妳，請問妳願不願意和我交往……」怡文心裡想：「陳俊志？他不是正和八班的王宜茹交往嗎？幹嘛還寫信給我。」才想著，筱芸就在旁邊起鬨：「陳俊志耶！妳沒看他打籃球的姿勢有多帥，答應啦！這樣下次我要和溫家偉去逛街的時候，也可以找你們一起去。」「可是！」怡文提出她心裡的疑問：「八班的王宜茹怎麼辦？」筱芸接著說：「早就分了，前天的事，妳都沒有聽說啊？」怡文耐不住好朋友的慫恿，只好說：「嗯……好吧！可是妳要幫我跟他說一下，只是當普通朋友而已，我爸爸說不可以這麼早交男朋友。」

話是這麼說，可是自從口頭答應之後，怡文的心裡就一直輕飄飄地；上課的時候，覺得自己好像是浮在空氣中一般地虛幻，就連老師講話的聲音也好像從很遠很遠的地方飄過來，斷斷續續地，聽也聽不清楚。不過，誰管誰在講什麼啊！陳俊志幾乎每節下課就來找她，每天都有巧克力請她吃，還常常抱著玩偶來送她，說是為了她，在娃娃機前奮鬥了五百多塊才抓到的。怡文心裡在想：「不是說好只當普通朋友嗎？他的動作這麼多，搞得大家都在說我們正在談戀愛，不過……原來談戀愛是這種感覺。」想著想著，怡文的嘴角又揚起了笑意，這一些小動作，剛好都被坐在斜後方的筱芸看得一清二楚。

隨著陳俊志積極地追求，再加上幾乎全班的同學都在起鬨，怡文心裡也已經半推半就地認定她與陳俊志兩人是男女朋友的關係了。這些天，俊志除了在下課時間來找她，兩人也常在放學後繼續留在校園裡散步、聊天。說實話，有時在晚上睡覺前回想，兩個人幾乎一整天都膩在一起，到底都聊了些什麼往往都記不得了，只知道總是有說不完的話題。這一天，他們放學後又再度留下來。

「我們到禮堂那邊散步吧！」

「哦，好啊！」此時，學校輔導課已經開始，不遠處還有聲音從籃球場傳過來，除此之外，四周還算安靜。

「怡文，其實我早就喜歡妳了，只是一直都不敢告訴妳，謝謝妳願意和我交往……」俊志一邊說一邊往怡文靠近。

怡文直覺好像有什麼事要發生了，本能性地慢慢往後挪，「糟了，已經到邊緣了，該怎麼辦？俊志想幹什麼？」這時候俊志的臉慢慢靠近，「來了！來了！從書裡面的情節推算，也差不多是這幾天了。可是，好像還是有點怕，要不要把他推開呢？」還在猶豫之間，俊志的唇已經印上來了。怡文的心似乎被狠狠地撞了一下，她覺得自己呼吸急促，臉頰正急速加溫當中，被俊志嘴唇接觸的地方似乎麻木了，而且這個酥麻的感覺似乎正在擴大，整個人變得軟綿綿地……

初吻之後，怡文彷彿成了風雲人物，大家都一直圍過來問：「怎麼樣！那是什麼感覺？」她當然是羞得不敢做任何表示，只是心裡甜甜的。偶爾會覺得俊志太過分了，怎麼可以把這種事情到處說給別人聽，但是又覺得這樣被同學羨慕，好像也滿不錯的。從那一天之後，俊志的動作愈來愈多，來班上找怡文的時候，總是毫不避諱地摟著怡文的腰聊天；有時候則是抱著怡文坐在他的大腿上；或是趁著下課時間，躲到樓梯間盡可能地讓兩人的身體「在單位面積內，做最大的接觸」。其實他們也有感覺到有人從旁邊經過，可是他們一點都不在乎，反之，這種感覺讓他們更興奮，更堅定他們彼此相愛的感覺。

就和書上說的一樣。

兩個月後的某一天，俊志約了一群人到家裡玩 PS2 ，說是爸媽不在家，可以自在一點。怡文到他家的時候，才發現只有她一個人，其他人都「臨時有事」不能來了。她懷著忐忑的心，不知道該不該繼續留下來，她有預感，似乎會發生什麼事。

果然，一會兒之後，俊志的手開始變得不規矩：怡文覺得自己心裡還沒有準備好，所以一直不肯就範。俊志卻把這些動作當成「象徵性地抵抗」，繼續往怡文的身上靠近。他對她說：「我愛妳，我真的非常愛妳，可是如果沒有發生關係，那麼我們就只是兩個獨立的個體；既然我們如此相愛，為什麼不要讓我們融為一個整體呢？只要我們真正發生關係了，我一定會更加愛妳的……」說著，俊志的手又再度向前伸過來。

怡文忽然害怕起來了，她對他說：「不行，我們都還小，而且現在這樣子不是很好嗎？為什麼一定要發生關係呢？」俊志不理會怡文的說法，已經打算撲過來了，嚇得怡文趕緊奪門而出。

隔天，怡文覺得不太好意思，買了一個玩偶要送給俊志，可是俊志的態度很冷淡，對她變得愛理不理的，她覺得好受傷。這時，八班的王宜茹來找她，她對怡文說：「妳一定是對他拒絕了什麼事吧！之前他和我在一起的時候，只因為我沒有答應他讓他吻我，結果他就不再理我了。像他這種人，其實只是想要佔女生的便宜，又不是真的在談感情，妳又何必為了一個不愛妳的人而傷心呢？」怡文抬起頭看著宜茹，眼淚早已不聽使喚地往下掉，雖然宜茹這麼說，但是怡文的心裡卻是這麼想：「不！他是愛我的，書裡面介紹的情節，男女主角往往在發生關係之後，才是最後的結局。愛他就應該是無條件地付出，我實在不應該這麼堅持的……」

故事背後

不知道從什麼時候開始，國中生談戀愛變成了一種趨勢，而且絕對不是以往那種純純的愛，只要牽牽小手，心裡有對方就好了。現在的國中生談起戀愛，絕對是「惟恐天下人不知」一樣地明目張膽。我知道有些老師使用高壓政策，各種的處罰、隔離，外加警告要通知父母等等，逼得那些想要早點品嚐戀愛滋味的小男生、小女生們，將他們的戀情走入地下化。這是我不願見到的後果，所以我對班上同學的交友情形，一向持開放的態度。我相信，以他們心智發展的程度，對一件事物的「好奇」，不會維持太久的時間。我也覺得，只要讓他們有別的事情可以做，或許就可以轉移對談戀愛的期待。

在幾年前，這種方法還算行得通，但是最近看來，似乎應該要再找一個更好的策略才行，因為我發現他們往往在好奇心還沒消退之前，就已經做了不該做的事。該如何告訴現在的小朋友們，不要那麼急著談戀愛呢？或許，可以用戀愛基模的觀念切入。

基模一詞最早由皮亞傑（Piaget）提出，指「個人內在會自行建構一套認知系統，而且個人會使用這套系統來處理所接觸到的訊息。因應不同的情境，基模會不斷地修正、改變，甚至是創造新的基模來解釋一個全新的問題」。基模的種類很多，在此要談的是和戀愛有關的基模。

當我們在看偶像劇或是愛情小說的時候，我們會從電視或是小說中的情節，建構出一個自己心目中愛情的模樣，諸如：交往多久會發生什麼事？如果發生了什麼事又代表什麼意思……於是，當我們真正去談戀愛的時候，心中就會有所期待，因為我們其實已經為自己寫好劇本了，當然會希望照著劇本來走。不過，大家心裡也都會很清楚，這種看電視或是看書所形成的基模並不是真實的；所以在真實情境應用時，自己會打一些折扣，而且實際交往的過程中，也會不斷地回饋我們的戀愛基模系統，讓它變得更清楚、更確定。

談戀愛是一件很美好的事，但是太早談戀愛卻會是一件很悲哀的事。如果你是過來人，請回憶一下當初談戀愛的過程，你是浸淫在什麼樣的氣氛之中呢？我以為那是一種「不確定的浪漫」！雖然你知道對方喜歡你，但是因為你對愛情不熟悉（戀愛基模的結構還不夠完整)，所以你不知道他會用什麼浪漫來感動你，於是對方的所作所為都很讓你感動，你也就一直沉醉在感動與期待感動之中。所以我們看到戀愛中的人會不時地微笑(傻笑)。

太早談戀愛會有兩個很重大的缺點。首先是基模組織鬆散，會讓人編寫出不好的愛情劇本。前面提過，基模會不斷地修正，假設我們看了一本愛情小說，然後根據書裡的情節，幻想出一段屬於自己的愛情，當然，此時我們不會真的去試，可是在我們的認知系統裡，已經有一個戀愛基模的存在了。之後，我們又看了一齣連續劇，我們會拿之前已經建構的戀愛基模來和它比對，然後修正，建構一個更完整的基模。同樣的模式進行幾次之後，我們的戀愛基模已經有了完整的結構，我們的愛情劇本也就同時完成，以後談戀愛的時候就會不自覺地照著我們所設計的劇本在走。

到底會設計出什麼樣的愛情劇本呢？這又會和兩件事情有關，其一是經驗，其二是情節。之前接觸的愛情故事若是不夠多，對愛情的瞭解就容易流於不夠全面，一知半解會比完全不知道還要可怕；若是此時真的談了一場戀愛，只要對方說：「對啊！別人都這樣，我們也應該這樣⋯⋯」往往就乖乖地任人擺佈了。還好，一般人若是沒有接觸足夠的愛情故事，也不會有太多對愛情的憧憬，也就不會有急著談戀愛的問題。

為害最大的是在情節的部分。所接觸到的愛情故事都是什麼樣的情節呢？或許小女生看了很多的小說，可是坊間的愛情小說其實有很多都是濫情的商業作品，這些書並沒有把整段感情的精華詳細呈現，反而只是著重在情節的鋪陳、公式化的結局。看得愈多，愈覺得愛情只是一個形式，只要照著這個形式做，就叫作談戀愛；更有甚者，連心裡的感覺都模仿書裡的情節，因為書裡面的女主角受到男主角某種對待之後，女主角感受到某種感動，所以在現實中，只要男生對她做了相同行為，她也就應該得到相同的感受。仔細想想，這種方式的戀愛真的可以被稱為愛情嗎？充其量不過是以「虛擬實境」的方式走入書本裡的情節罷了。

基模還有一個特性，當它還在成型的階段，它是很有彈性的，外界的各種刺激，都可能會對基模造成影響，然後改變結構。但是一旦基模的組織愈來愈嚴謹，它就愈會區辨各種的刺激，只要和自己建立的基模不一致，它就會忽略它的存在，或是把它當成另一件不相干的事，所以一旦基模建立成型，要再改變就很困難了。就好像有些婦女認為「男人就應該在外面應酬」，這種想法一旦確定，就算她的先生喜歡回家吃晚飯，她也要把他趕出去，因為常在家就代表沒出息；就算到後來嚐到後果，她的先生開始在外面花天酒地，她也會覺得這是身為女人「必須承受的結果」。

除了上述的原因，太早談戀愛還有一個非常扼殺浪漫的後果。剛剛已經提到基模的形成會讓我們在心中設計一套愛情劇本，這一套劇本是要用來排演的，所以我們會想要談一場戀愛，來印證自己所設計的劇本到底好不好？如果這個劇本裡已經認定交往多久發生什麼事，預期會有什麼感覺的體驗，真正談戀愛的時候，或許會和想像有差距，但至少已經有一個真實的感覺體驗了。基於很少人會在第一場戀愛就從一而終，步入婚禮的禮堂，這時候會出現以下的問題：在下一場戀愛中，我們會想要盡速地接續上一場戀愛未完的情節，就好像看錄影帶使用快轉一樣，結果就忽略掉許多感情的細節，不幸的是，雖然這些細節本身沒什麼，但是所有這些細節的總和。才真正是愛情最浪漫的部分。

舉例來說，我們可能會認為談戀愛的過程如下：「偶爾碰面的臉紅心跳」→「互相猜測對方的心意（拔花瓣）」→「開始交往，第一次約會」→「約會時，身體不小心（有時候是故意的）碰觸時的心悸」→「等待下一次的約會，想著對方在想什麼」→「大方地牽手逛街」（一壘）→「偶爾摟肩、摟腰，做更貼身的接觸」→「趁著四下無人，偷偷地把嘴唇印在一起」（二壘）→三壘→本壘（二壘以後的情節屬於限制級，請恕我不能把它寫出來）。

請談過戀愛的人回想一下，在二壘以前的感覺是不是最令人感到有「談戀愛」的感覺呢？但是如果是第一次的感情在做到二壘之後分手，第二次就會很快地發展到二壘；因為之前發生的事情都已經體會過了，所以想要趕快嚐嚐還沒發生過的三壘及本壘。萬一之前的戀情也已經跑完本壘了，再談一次戀情的時候，依然會以飛快的速度進行；一來是已經知道會發生什麼事，所以就少了摸索及等待的時間；二來是我們會習慣把一件「事情」快速地完成。至於完成之後呢？可能是再找一個，也可能是從此平淡地走下去，就好像一首歌詞裡講的：「……你說愛我只是習慣，再也不是喜歡……」反正，太早談戀愛，幾乎沒有一個好的結局。

我有時聽到老師在批評同學談戀愛的時候會說：「你懂得什麼是愛情嗎？」這種說法不太好，因為沒有人真正懂愛情，而愛情也從來不會只有單一面貌。說這種話的老師往往會被學生在暗地裡取笑：「可能老師才是真正不懂愛情的人。」我覺得可以用考試來做說明；如果我們在考前就已經有充分準備，參加考試時就可以拿到八、九十分以上的高分，但是完全不準備可不可以應考呢？可以，就算只考了二十分，一樣是分數。同樣地，準備好了才談戀愛，我們可以有一場值得一生回味的浪漫；若是只因為看別人談戀愛就想急急忙忙地跟進，這種愛情也會有浪漫，只是時間太短，多半也不夠深刻，應該沒有人願意這樣的愛情會是我們最珍貴的「初戀」吧！我並不是反對學生談戀愛，而是希望大家都能有機會經歷一段足以「無憾」的愛情；太早談戀愛往往會使自己永遠錯失這樣的機會。

因應時代的進步、女性主義的抬頭，現在愛情故事的發展可能已經和上述不太一樣了；有些女生很勇於追求她們的「真愛」(希望她們真的知道什麼是真愛)，所以開展出來的愛情故事會是完全不同的情節，但是，在不正確的戀愛基模底下，不管什麼樣的戀情，都不會是真正的浪漫。

7. 習得無助（learned helplessness）

場景一

A 同學在上課的時間趴著，他其實不是很想睡覺，只是對上課這件事實在是提不起勁，又想不到要做什麼事，所以就趴著算了。他算是很給老師面子了，至少他選擇趴在桌上，不會增加老師上課的困擾。班上的其他同學，有的是在寫紙條、傳紙條；有的是低聲和同學聊天；遠距離的同學還可以用比手語的方式交談。還有的同學上課偷聽 MP3 ，他們的技巧還不錯，先把 MP3 放在衣服口袋裡，然後把耳機的線穿過衣服的袖子（冬天的時候），這時候就可以用手支著頭假裝看書的樣子在聽音樂，除非仔細，否則真的很難發現。

還有一些同學讓他實在看不過去，好像在和老師玩躲貓貓一樣，刻意做一些動作來吸引老師的注意，搞得老師一邊要上課，一邊又要隨時注意這些同學搞怪的舉動，害得老師神經緊張，每次都板著一張臉來上課。 A 同學記得上次班上同學想到一招很精彩，幾個人互相串聯，大家都把嘴巴閉起來，用喉嚨發出「嗡……」的聲音，一次大概兩個人；如果老師的目光快要鎖定某位同學了，他就立刻閉嘴，換其他同學接力，整節課就是這樣子在玩老師。看著老師那一副糗樣，雖然好笑，不過其實也有一點不忍心。老師也不過是來上班的，何必這樣整人呢？

以上的情形還算是老師「罩得住」的時候；如果老師班級經營的能力比較差，那麼整個班在上課時間根本就像是在菜市場一樣，上述的動作通通都明著來了。光是講話這一件事，三、四對同學要聊天，彼此當然會互相干擾，然後就愈說愈大聲；中間雖然伴雜著老師在大聲地喊：「不要吵了！」不過反正沒人理他。上次家政課的時候，家政老師受不了了，派同學去把導師請過來，可是大家還是依然故我，頂多是給導師一點面子，稍微（真的只是稍微）收斂一下罷了；導師又去學務處請來一個組長，不過組長又怎麼樣？我們全班一起吵，難道組長還能把全班同學都抓起來嗎？

考試？什麼時代了，考試有什麼好緊張、害怕的。我們班的同學幾乎都一樣，拿到考卷後把名字填一填，至於答案？大概就是 123 、 321 之類的亂猜，管他出的是三十題還是一百題，五分鐘以內全部搞定。上一次段考很好笑，有一個天兵在答案卷上亂猜 123 ，卻沒注意老師的題目選項是 ABC ，氣得老師幾乎說不出話來。其實這種也還好啦！班上的幾個大哥、大姐們，根本連名字也不寫，考卷拿到直接壓著睡覺，最後連交都不交，了不起就是零分，又沒什麼大不了的。當然，班上還是有一些異類，拿到考卷還會認真作答；拜託！我用猜的可以猜到三十六分，他們認真寫也不過是四十二分，怎麼這麼笨啊？

場景二

B 老師早上在按掉鬧鐘後，還在床上賴著不肯離開；倒不是還想睡覺，只是想到要上班這回事，就讓他疲憊地下不了床。是啊！他按照學校排給他的課表到班上上課，可是不管自己再怎麼認真地上課，台下的聽眾一副事不關己的模樣。唉！學生都不聽了，老師還要在台上唱獨角戲嗎？不過不唱也不行，畢竟家裡的經濟還是需要他這份微薄的薪水。

上一次上課，同學們聯合起來整他，這邊一聲「嗡……」、那邊「嗡……」一聲，整間教室就好像養蜂場似地嗡！嗡！嗡！拜託，他真的很不想理這些同學，不想上課就算了，可是還有同學想聽啊！就算真的都沒有同學要聽，身為教師的職責也還是要把課本的內容講一講，總不成每節課都自修，每節課都讓同學去打球或是玩電腦吧！他都已經不打算要求同學的成績了，難道讓他把該做的工作做完，同學們也不願意配合嗎？

很難說他不認真，學期一開始上課的時候，就得面對班上層出不窮的小狀況。當然，這難不倒他，每一次都被他很技巧地壓了下來。開玩笑，教了這麼多年的書可不是白教的，學生的那些小把戲算什麼。隨著日子一天一天地過去，問題出來了；因為「每」節課都要花時間處理班級常規問題，結果快到段考的時間，他上課的進度居然趕不完，結果被同學回家向家長告了一狀；家長一通電話打給校長，校長馬上就把他找去關切。再者，開學時一次、兩次的處理問題還可以，已經學期過了一半，每次上課都還要再來一次「官兵捉強盜」似地心理遊戲，精神負荷實在是受不了，最後只好選擇妥協：只要不要影響到老師上課，睡覺、看小說等安靜的舉動就睜一隻眼閉一隻眼算了。只是同學根本就不懂得互相尊重的道理，教師都退一步了，同學不但沒有也退一步，反而進了一步，硬是要把教師逼入精神崩潰的臨界點。

向學校反映嗎？校長、主任每次都說：「辛苦你了！」就這樣一句話把 B 老師的委屈完全打死。 B 老師心想：「哼！辛苦？你們這些傢伙哪裡懂得什麼叫作辛苦？受苦的是我耶！有本事你也來這種班級上課看看；要嘛就是不用上課，整天只會出一張嘴叫人家做這個、做那個，出一張嘴誰不會啊？再不然就是課那麼少，還故意排那種輕鬆的班級來上課，真是○○你個××……」

B 老師也已經放棄「向上反映」這回事了，反正反映事情的結果還不是要自己解決，多半還要遭到別人的冷嘲熱諷。上一次當是誠實，上兩次當是老實，上三次當就變成笨蛋，再上到第四次當就成了白痴了。算了，就這樣子吧！反正也不過就是一個小小的教師，準備混吃等退休就好（如果退休前沒有被氣死的話）。

故事背後

在行為主義的實驗設計裡，應用負增強作用而設計的實驗稱為「逃脫制約學習」（escape conditioning）；心理學家設計了一個往返箱（shuttle box）來進行這個實驗。以白老鼠為例，在一個箱子裡隔成 a 、 b 兩部分，先將白老鼠放在 a 區，然後對 a 區施以電擊，此時白老鼠會因痛苦而四處跳動。若將 a 、 b 兩區之間的隔板的上半部打開，則白老鼠可能在某次偶然的跳動中，跳進了 b 區，因而免除被電擊的痛苦。此時，讓白老鼠休息片刻後，將通電區由 a 區改成對 b 區通電，白老鼠將再次驚慌失措，又開始無意識地亂跳；無意間又跳過隔板進入 a 區，再度逃離被電擊的折磨。多次之後，只要對某一區的白老鼠施以電擊，牠就會馬上跳到另一區以逃避電擊。這就是所謂「負增強學習」的意義：因為白老鼠做了某個正確的行為可以免除痛苦，所以牠會願意表現出這個特定行為。

塞力葛蒙（Seligman）在以小狗來進行逃脫制約實驗的時候，意外地發現一個「習得無助」的現象。也就是當個體認知自己的能力無法解決困難，對目前的環境變化無法控制，或是對未來發生的事情無法預測時，如果這種情況長期延續，個體將會喪失鬥志，進而陷入絕望的心理困境。

在逃脫實驗中，他先將小狗放在一個無法逃脫的籠子中，然後施予一個會令小狗很不舒服，卻還不會致死的電擊；小狗當然會在籠子裡四處奔逃，但是嘗試多次努力之後，還是沒有辦法逃離籠子，於是只好放棄掙扎，乖乖地被電擊。此時電擊停止，隔天再電一次，小狗一開始仍然跳起來驚慌逃竄，但是依然逃不掉；不久，小狗再度趴下來靜靜地接受電擊。實驗者發現，小狗在接受電擊後，努力表現要逃離的時間愈來愈短，到最後終於只是頭抬了一下，卻沒有做出任何想要逃離籠子的表現。這時候實驗人員把籠子換成可以逃離的空間，只要輕輕一碰，門就可以打開，但是小狗仍然不為所動，乖乖地待著被電擊。

上述是指一隻完全沒有逃脫經驗的小狗在不能逃脫的籠子裡的表現；後來又發現，如果先讓小狗有成功逃離籠子的經驗，才把牠放進不能逃脫的籠子裡，小狗的表現將更為積極，牠會掙扎更久的時間，到處尋找任何可能逃離籠子的方法。這個實驗也間接地說明：「成功經驗」與「失敗經驗」會如何影響個體日後遭遇困難之後的表現。

回到一開始的案例。在我教書的生涯中，最令我難過的倒不是學生考了什麼慘不忍睹的分數。說實在的，二十分、三十分又如何？現在差又不代表未來也會差。就算未來的考試還是差，也仍然不代表這個學生不會有成就。此外，學生的成績差我也不會把它聯想成是我不會教，變成我自己的心理壓力。但是我真的很不忍心看到學生呆呆地在自己的位子上浪費生命。為什麼他們會變成這樣不在乎學習呢？這個問題困擾了我好久的時間。終於，我相信「習得無助」可能可以解釋這個現象。

我想要批判「分數」這個東西，就是因為對分數的迷思，讓多數的人都逃不開挫折。讓我們把時間往回推二、三十年，那時候有沒有升學壓力呢？當然有，但是那個時候的壓力還沒那麼大。一般來說，師長們的心態是用鼓勵的，會讀書的學生鼓勵他多讀書，不喜歡讀書的學生也不會太逼他讀書，盡力就好。現在呢？不管喜不喜歡讀書，整個學校用「全力以赴」的態度把所有的學生逼上火線；學校根本就已經棄守了所謂的「教育」，完全配合家長（少數家長？）的想法，管牠是烏龜還是兔子，全部在同一種跑道上，做相同的競賽。在這種強大的壓力之下，學生們當然會想要逃離這樣的環境。可是逃到哪裡呢？在百般無奈之下，學生們只好一個個都像那隻無助的小狗一樣，完全放棄努力的念頭。

你說這些學生從一開始就這麼消極嗎？我倒不這麼認為。我相信這些學生都曾經努力過；然而，每個人的身體與心理的發展有早、遲的差異（一般來說，多數人把這種現象稱為「開竅」），這種發展速度的差異其實與最後的成就無關，卻因為師長們比較的心態，讓發展比較慢的同學誤以為自己就是真的比較笨；努力了數次之後，表現卻一直沒有辦法突破（因為他真的還沒開竅），終於承認自己的愚笨，並且放棄努力。所有的生物都一樣，如果放棄向上提升，之後一定會迅速地向下墮落；墮落的過程中，還要想辦法找人當墊背，來個玉石俱焚，就好像困獸之鬥一樣。

我觀察我們國內教育中，學生學習態度的演進大致上或許可以分為三個階段。第一階段，讀書是為了自己的前途而努力，大約是四年級（民國四十幾年出生）以前的學生；會讀書的同學很努力地讀書，不喜歡讀書的同學也總會找到他可以努力的方向，大家各自為自己心目中的理想而打拼，反正是行行出狀元。第二階段，大概是五、六年級的學生（我是這一區的）；不管你喜不喜歡，反正大家都要讀書，都要接受聯考的淬鍊；雖然不是很自願，但是同學們還算很「甘願」。第三階段，大概是七年級以後的學生（這時，我已經是老師了）；個人意識的抬頭，讓這些年輕學子們勇於對壓力說：「不！」再加上社會結構的轉變，更助長了同學們的氣勢，反正他們也豁出去了；正印驗「一皮天下無難事」的說法。

壓力並不是唯一的原因，至少我覺得所謂的「挫折容忍度」也是一個應該被考慮的因素。有一次，我在和學校老師討論「分數的比較」以及「排名的動作」所可能造成學生的壓力。他承認了，但是卻不願意放棄繼續施壓，因為他說：「在現在這個社會，如果不能堅持下去就不會成功。」說得有理，於是我追問他：「那麼那些堅持不下去的人呢？就被放棄了嗎？」他說：「那就應該想辦法增加他的挫折容忍度。」依舊有理，但是問題就在這裡，我們有沒有在培養挫折容忍度呢？挫折容忍度又是那麼好培養的嗎？就好像在學游泳一樣，教小朋友游泳要從兒童池開始，先是教他不怕水、閉氣、打水、換氣，最後才終於學會游泳。難道一開始就把小朋友丟到成人池裡讓他掙扎，說是只要活下去，就算是學會游泳了。這樣也可以稱為教育嗎？老實說，我認為這個叫作謀殺。

挫折容忍度的培養應該由小挫折開始，而且一定是孩子「已經」可以接受這個挫折了，才可以再繼續給他更大的挑戰。儘管草莓族們都不承認他們是草莓，我還是覺得現在的同學們普遍沒有什麼抗壓性。但是我倒不認為這是同學們的錯，我覺得這是家長的問題，現在的家長真的對孩子保護過度了。

會感到「習得無助」的人絕對不是只有學生；當教師不斷地重複教學動作，卻怎麼教都教不會的時候，教師也是會有習得無助的感覺。這裡要談到習得無助的重要觀念：它必須是當事人把失敗的原因歸於自己內在的因素時才會發生。例如學生學不好這件事，若是教師認為這是因為「自己」不會教，或是覺得因為學生太笨、太懶，「自己」沒有辦法改變學生，久而久之就會有習得無助的感覺。然而，若是把這件事當成是學生還沒開竅，樂觀地期待「學生（別人）」日後就會忽然懂了，那麼教師就還是能繼續快樂地面對同學。

心態是很重要的。

老師的習得無助表現在兩個向度，其一是「對學生的課業學習及生活常規表現」；其二是表現在「對學校的態度」這一件事上。

在第一部分其實也是有層次區分的。老師先是對「學生的課業學習」失望，繼而希望至少能培養一個堂堂正正的中國人，轉而要求學生的生活常規。然而，自從「教師體罰」問題被不斷地討論之後，老師的教學工作變得動輒得咎。第一線教師們不太懂，自己也是努力地想要教好孩子，為什麼會搞得裡外不是人呢？這樣的情緒在立法院通過立法禁止體罰之後，變得更加無助。

俗話說：「可憐之人，必有可恨之處！」我不認為事情演變到這個地步，教師們可以說完全沒有責任，但我也不認為我們應該反對「禁止體罰」這一個國際潮流。然而，做事情的方法不應該只有限制、懲罰，當我們在要求教師不准體罰之前，是不是應該先告訴他們可以怎麼做（希望是真正可行的方法）？看事情也不應該只是膚淺地看到表面問題，更應該深入問題看到背後原因。老師為什麼要體罰？是為了分數，或是生活常規？教師及家長的觀念要不要重新再教育（政府在這方面做了多少努力）？地方政府及校內的教育主管單位又該負多少責任？一味地把矛頭指向基層教師公平嗎？更重要的是，有用嗎？

老師的習得無助也表現在「對學校的態度」這一件事上。許多老師覺得「跟學校反映也沒用」、「校長、主任的命令是不可違抗的」、「教育環境就是這麼爛，一切只能認命」、「……」表面上來說，這種心態對學校的經營者來說是有利的，因為老師們這麼聽話，政策的推行當然會順利許多。然而，這種心態其實是引導學校走向滅亡的終途：因為老師不願意用積極的態度來面對教育工作，學校又怎麼可能好得起來呢？人不對了，再好的方法都沒用。

還是來關心一下學生好了。塞力葛蒙的這個小狗實驗其實並不是這麼消極的，記得嗎？後面提到一個小實驗：如果先讓小狗有成功逃離籠子的經驗，才把牠放進不能逃脫的籠子裡，小狗的表現將更為積極，牠會掙扎更久的時間，到處尋找任何可能逃離籠子的方法。這個實驗告訴我們一個很積極的想法：如果我們讓孩子不斷地、成功地解決我們交付給他的小挫折，這些小小的成功經驗將大大地幫助孩子日後面對困境時的堅強心態。所以，敬告各位老師、家長們，有很多小事，千萬不要因為你做得比孩子好，就把事情都撿起來做，讓孩子失去學習的機會。沒有這些小學習，孩子是做不了大事的。

或許有些人會質疑什麼是大挫折？什麼又是小挫折？由誰來決定呢？其實，不管是大挫折、小挫折，接受挫折的是孩子本身，我們應該尊重他們的主體意識。只有當孩子準備好要接受挑戰的時候，這個挑戰才會有意義。什麼？你擔心如果不逼孩子的話，孩子就只會整天沉迷於遊戲的世界裡。我想，我們談到了一個很重要的原點，因為我們目前的所作所為往往都是出於「孩子不會想」這個邏輯，然而這個邏輯真的正確嗎？孩子就這麼「天生地」不知上進嗎？我覺得我們都太小看孩子了。我大可以再寫幾千字來證明孩子其實是可以主動讀書的，但是應該不會有人想看，所以我只簡單地請讀者們思考：用逼的真的有效嗎？

在現在這個教育環境底下，家長、學生、老師，甚至是校長、主任、組長，只要是扯上了國民中學，似乎沒有人感到快樂。然而這種不快樂真的是必須的嗎？我常聽我的同事對他的學生說：「沒辦法！你們現在是學生，就得熬過這一關……」也聽到同事們之間彼此在聊天：「沒辦法！既然要當老師就得認命，反正別的工作也都有它的辛苦，我們又還沒有好命到可以不用工作，所以一切只能忍耐……」學生就一定得受苦嗎？老師就一定得忍耐嗎？工作量大、做事辛苦是一回事；工作沒有成就感、做事失去意義又是另一回事。現在的受苦與忍耐是一回事，未來還會不會繼續受苦與忍耐又是另一回事。

諮商理論中的存在治療創始人維克多．弗朗克（Viktor Frankl）曾經說過一句名言：「他們可以折磨我的外在，但不能進入我的內心。」弗朗克在一次世界大戰期間，全家人都被囚禁在集中營裡，而且最後只有他一個人生還。然而，集中營中的恐怖經驗並沒有打倒他，反而更加深他肯定存在治療的重要性，這是大師的思維。或許我們不敢和大師相比，那麼就拿實驗室裡那隻被電擊的可憐小狗來說吧！牠好歹也曾經努力過數十次，而且是在實驗人員控制的絕對環境中，最後才失去鬥志不願再戰。但是我們呢？當面對困境的時候，曾經努力過幾次？又真的盡力了嗎？

其實在日常生活中，我們很難會遭遇到那種讓我們真的無法脫離的困境，真正綁住我們的，往往是我們心底那種懦弱、不願努力的心態。如果是學生，還可以說他們還小，值得我們多加關心；但是如果已經是成人了，還好意思坐在地上耍賴，要別人來幫他嗎？醒醒吧！難道真的要讓自己一直待在痛苦的深淵？是的，我們都聽過一句話：「如果不能改變環境，就應該試著去接受它。」然而，我們會不會太容易就承認環境是無法改變，而委屈自己接受呢？

關係

8. 睡眠效果（sleeper effect）

場景

我有一個學弟姓簡，小我兩屆，卻在教書的第三年就當了學校的學務主任。有一年我到花蓮找他玩，閒聊之下才意外發現一件非常有趣的事情。

他的個頭很高（176 ㎝），身材也很壯碩，平常理個小平頭，很容易讓人誤會他是一個很兇的人；可是他其實很細心，平常對人客氣，而且總是樂於助人。大學一年級剛進來的時候，就被我帶進了登山社，從此到處「拈花惹草」；每回從山上回來，就看到他忙著在整理從山上帶下來的植物標本。我在實習那一年回學校報告實習生活的時候，遇到他還特別勸他要有個性些，現在的國中生都會欺善怕惡，特別是新老師，如果脾氣太好，往往會被學生騎到頭上。

那時候我們師範生還是採分發的方式，不用像現在的流浪教師這麼可憐，必須全台南征北討幾十所學校才有機會擔任老師；他因為個性喜好大自然，所以就填了花蓮的學校。我想他一定有把我的話聽進去，所以一進到學校之後就謹守分際，平時絕對不輕易對狗說笑（不苟言笑）；也可能是剛當老師本來就比較緊張吧！總之他在學校刻意地表現嚴肅的樣子。其實他不用這麼刻意的，以他那副尊容，只要不笑就可以嚇死不認識他的人了，更何況他還特意裝出兇神惡煞的樣子。

那一年他和我電話聊天，說我教給他的幾招班級經營技巧非常好用，特別是「凝視」那一招（我告訴他同學犯錯的時候，不要急著開罵或是問原因，把同學叫到辦公室裡，先讓他在旁邊站個十幾秒，自己忙自己的事，好像漠不在乎似地；然後轉過頭看著他的眼睛，狠狠地看他個三分鐘才開始發問。通常學生在第二分鐘就開始心虛，一到發問時，很容易什麼都招了）。我想到以他那魁梧的身材、壞人的臉孔，若是再配上一對有殺氣的眼神，同學們應該很能感受那種威脅吧！他說他好幾次只是「輕輕」地看著同學，同學就已經被他嚇哭了，這一點我完全不懷疑。

他教書要邁入第四年的暑假打電話來告訴我，校長找他當學務主任，而且他也答應了。我聽了之後很替他高興，但其實是有更大部分的不解。並非因為他的年資還這麼菜就當上主任，也不是懷疑他的能力不足以擔任主任，只是真的沒想到這麼溫文儒雅（在我的印象中）的一個人，居然會變成一個學務主任。過了幾年我到花蓮找他，他說他也是到前一年才知道事情的真正原因。

校長找他當學務主任的理由很簡單。首先是校長發現簡老師只要在走廊上走著，所有他經過的班級就會自動安靜下來。觀察了幾次發現不是巧合之後，校長深深覺得簡老師一定是一個「很有辦法」的老師，不但對自己班級的學生，就連對別班的同學都能有如此強大的影響力，所以當原本的學務主任退休之際，校長第一個念頭想到的就是簡老師。至於同學們為什麼這麼聽他的話呢？這還是在他當了主任的第二年之後才知道的。

有一次他在調查一起同學們打架的事件，被害人說他被人家用衣服包起來，所以不知道到底是誰打了他。學弟找來了幾個嫌疑犯，可是一群人只是互相對望，異口同聲地說不知道是誰打的。他看了看眼前這些小毛頭，肯定這些人一定是知情不報，於是決定採用隔離偵訊的方式。學弟找了其中看起來最弱小的那個傢伙，單獨帶到醫護室裡「聊天」，當然是先使用眼神的交流來做前置動作；沒想到還沒開始發問，這個學生已經瀕臨崩潰，開始嚎啕大哭、語無倫次；學弟看著眼前的學生哭得死去活來，聽著學生莫名其妙地喊著：「不要殺我，我沒有打他……」連他自己也慌了起來。雖然他很清楚自己的眼神的確有某種程度的威力，可是遇到反應這麼激烈的同學也是頭一遭。學生突如其來的舉動把學弟搞得比學生還緊張，只好趕緊打電話請輔導處過來協助處理。

輔導主任花了好一番工夫安撫學生的情緒之後，問了學生當時的情況；不過就是個簡單的問話，怎麼會搞到情況如此失控呢？同學這才把所有經過娓娓道來。原來學弟第一年到學校教書的時候，學校丟給他的是一個後段的班級，同學們的生活常規原本就不好，加上學弟剛從大學畢業缺乏班級經營的經驗，師生衝突的狀況屢見不鮮。有一次學生犯錯，學弟一時情緒失控，捉起學生的衣領把學生整個人抬起來往自己的臉拉近，然後說：「你下次如果再給我犯同樣的錯，我就把你的脖子扭斷……」(我那時心裡浮現當時的假想畫面，打了一個冷顫)這個事件對學弟來說當然是過了就算了，但是卻給學生造成非常大的震撼。學生「死裡逃生」之後到處宣揚學弟的恐怖，所以學弟在那一次事件之後，忽然感到班級經營變得非常順手，往往只要一個眼色，連發脾氣都不用，所有事情都已經就緒了。

貓在鋼琴上昏倒了。

謠言愈傳愈誇張，同學們私底下都把學弟當成殺人犯看待，還說他已經扭斷了三個學生的脖子，棄屍地點分別在 a 、 b 、 c 三個地方；另外還有一些被打成腦性麻痺、骨折、耳聾的學生，通通都是不長眼惹得簡老師生氣之後的下場。同學們多數在尚未入學之前就已經被告誡，學校裡的簡老師是個絕對不可以惹的人物。那一天，學弟單獨訊問的那個學生，就是在學弟的眼神裡回憶起所有聽到的種種恐怖情節，才會有上述事件的發生。輔導主任知道詳情後告訴學弟，多年的謎團終於得以化解，原來自己班級經營的成功，並不能算是他個人的成就，還要感謝當年那個不知名的學生。當輔導主任問他時，學弟根本就已經忘記是否真的有說過什麼要把學生脖子扭斷的話，而那位同學也說不出來第一個被威脅要扭斷脖子的學生叫什麼名字？總之就是 A 告訴 B ，然後 B 告訴 C ， C 又告訴 D ……這樣一直地傳下去。而且，似乎每傳一次都會有些許的情節改變。

事件之後，老師們私底下討論要不要和同學們澄清真相，但多數的老師似乎覺得有必要讓這個殺人魔繼續留在學校，所以學弟只好繼續委屈下去了。不過，學弟從此知道要收斂他眼神的殺氣，否則哪一天真的有同學被他嚇死了，也是一件很糟糕的事情。順帶一提，那幾個原本被留在學務處裡等候隔離偵訊的學生，在聽到醫護室裡傳來慘烈的哭聲之後，大家都已經主動在學務處寫下了自白書，那一件同學打架事件也因此順利落幕。

故事背後

很多人都有經驗，一件完全不曾發生過的事情，經過大家繪聲繪影地傳播之後，往往變得比什麼都還要真實，特別是那種不知道誰是始作俑者的謠言，其可靠性及傳播性似乎都更為堅定。最有名的例子應該是所謂的網路謠言了。從早期的傳言：「蟑螂泡在可樂裡，三天之後居然完全溶解，屍骨無存。」到後來聽說「妹妹背著洋娃娃」這一首所有人都聽過的童謠，居然背景是一則鬼故事。或者，你可能也收到過這樣的一封附圖的郵件，內容是一張很奇怪的動物以及牠的主人的相片，動物名字稱為「獅虎」，顧名思義就是獅子和老虎的混種，然後被人家養在家裡當寵物。是不是真的呢？還有一則足以被稱為國際懸案的音樂故事，不知道讀者們是否聽過？法國作曲家魯蘭斯．查理斯所做的〈黑色星期五〉，造成許多聽過這首曲子的人都因為受不了旋律而紛紛自殺，最後世界各國聯合封殺這首曲子，從此再沒有人聽過。這首曲子真實存在過嗎？

網路謠言實在太多，讀者們若是有興趣，或許上網路去搜尋一下，茶餘飯後當個聊天話題也不錯，不要太認真就好。回到本文，普雷肯尼斯（Pratkanis）等人做了一個有趣的實驗：他設計了兩段敘述，a：「曾經看到一則報導，一週工作四天是最有效率的工作方式。」b：「我覺得這則報導是騙人的，我根本一點都不相信。」實驗者找來一群受試者，然後隨機將他們分成三組，第一組僅提供 a

的訊息；第二組先提供 b 的敘述，之後才提供 a 的訊息；第三組則是先說 a 的訊息，再提供 b 的說法。實驗者要觀察的是受試者對這則報導的相信及記憶程度。

訊息剛提供的時候，第一組的相信程度最高，然後隨著時間快速遺忘；其次是第二組，並且隨著時間的流逝，緩慢地遺忘，到第六週，就和第一組一樣差不多忘記了。第三組的表現最有趣，一開始是最不相信的，但是隨著時間的經過，反而記得愈清楚；到第六週的時候，遠超過前兩組的表現。第三組的人會說：「我告訴你哦！之前不知道在什麼地方聽過有某個學者做了一個研究，研究發現一週工作四天，才是最有效率的工作方式。」這個不知道在什麼地方的某個不知名的學者，居然扮演了非常權威的角色。這樣有趣的現象就被稱為「睡眠效果」。

為了解釋這個現象，普雷肯尼斯曾經提出「區分性衰退假說」來解釋這個現象。簡言之，當我們先提供一個訊息，然後才說這個訊息是騙人的，那麼「這個訊息是騙人的」的訊息會因為不重要而被快速遺忘，使得前者單獨被留在記憶中時，會發生「我忘了是誰說的，總之……」這樣的現象，使我們更相信這樣的說法。

在應用上，或許直接舉一些實例會更好理解吧！比方說有某個同學很討厭數學或是數學老師，那麼就可以對這個同學說以下兩段敘述：a 、上次聽班上的數學老師和某個老師談到你呢！數學老師說你很可惜哦！明明是很有潛力，可是卻因為努力不夠，沒有辦法表現出你的實力。接著說出 b 敘述：不過另外那個老師好像不同意，他覺得數學老師是判斷錯誤了。聽完這兩段敘述，如果這個同學因此願意多花一些時間在數學上，然後也得到了些許的進步，那麼他就會更加相信自己果然有數學的潛力，而且心中多半會認定：「除了數學老師之外，還有別的老師也這麼想。」

又如我們希望學生能對自己所屬的班級更有向心力，大概也可以考慮以下的兩種敘述：a、剛剛從教務處過來，好像多數的老師對二年七班都有很不錯的評價哦！b、但是老實說，我覺得他們應該是在開玩笑吧！同學們聽完這兩段敘述之後，或許會真心相信自己所在的班級果真是一個優秀的班級，那麼平常在表現的時候，也會傾向表現出好的一面，以免這個好班級因為自己而蒙羞。

然而，若是認真去分析網路謠言的內容，似乎也不一定是睡眠效果就能夠完全說明。我覺得可能要先考慮到以下幾點的前提：首先，訊息本身應該有某種程度的可信度。要鼓勵同學跑步，對一個很認真跑百米，卻只能跑出十七秒成績的同學來說，再怎麼強調他有潛力，當事人應該也不會相信吧！其次，訊息應該不要有太高的敏感性。要說服一個整天待在電腦前的同學離開電腦，然後說電腦每秒鐘會釋放五百高斯的電磁波，持續接收得腦瘤的機率是常人的一萬倍之類的話，這個同學應該一開始就會選擇不想聽吧！最後是訊息的可驗性。愈是不可驗證的內容，人們相信起來就會愈堅定；像是剛剛說的那一首〈黑色星期五〉，都已經被世界各國禁播了，大概也就沒有機會找到原版來聽看看了。

睡眠效果意外地為我們帶出一個值得討論的議題——「記憶是否可靠？」在心理學的研究中，愈來愈多的研究發現人們的記憶可以經由後來的事件，或是經由暗示之下而被創造出來。一位心理學家伊莉莎白．羅芙特博士（Elizabeth Loftus）自述，在她十四歲的時候，有一次和母親一起到舅舅家玩，隔天，她的母親死在游泳池裡，這件事一直是她心裡的陰影，但是她一直無法清楚地描述母親死的時候的樣子。三十年後，在一次家族聚會中，有親戚對她說，她是第一個發現母親屍體的人，在剎那間，她覺得她的記憶全部回來了，她清楚回憶起她的母親面朝下浮在泳池上時的服裝，也看到一個小女孩無助地坐在藍白色的游泳池旁邊哭泣的畫面。

接下來，她對母親死亡的記憶忽然變得鮮明起來，每一個細節都是那麼地清楚。然而，在若干日子之後，她的舅舅來電，說他弄錯了，在重新訪查了一些證據後，她當時根本就不在現場，發現她母親屍體的，其實另有他人。羅芙特說她接了那通電話之後，過去的記憶又忽然之間像是被戳破的氣球一般地消失，讓人懷疑那些鮮明的影像到底是從何而來？

羅芙特博士後來投身於「記憶扭曲」的研究，認為我們其實會因為某些因素，而去創造過去的記憶。這個過程並非蓄意而為，但是我們的大腦就是這麼神奇。我在學校處理同學們的問題時，兩個在爭執間的同學到後來大打出手， a 同學往往會說 b 同學「以前」

也曾經對他如何如何，但是 b 同學卻堅持沒有這回事。那麼老師又該相信誰的說法呢？我要強調，這裡面就算不存在說謊的問題，我們一向很有自信的記憶，其實仍然有可能是虛構的幻想。

一般來說，好像「不好」的訊息比較容易傳播，人們也比較願意相信，不知道這是一種什麼樣的心態？但是那不是我們要關心的重點；我們希望運用睡眠效果，能夠增強某些我們希望增強的信念，至於那些不好的訊息，也希望能夠藉由知道睡眠效果以及記憶扭曲這些現象的存在，變得不要那麼容易相信謠傳。某種程度來說，運用睡眠效果好像是在說謊騙人似地，其實換個角度來思考，讓同學們相信自己很優秀又有什麼不好呢？只要不要睜著眼睛說瞎話，硬是要讓烏龜相信牠可以跑贏兔子，適度地提供自信，絕對有助於發揮潛能。

9. 破窗效應（broken window effect）

三年四班

開學第一天，呂婉育老師略帶興奮地進到這一個班級，這是她第一年考上正式教師的資格；不過她之前已經在私立學校擔任教職四年的時間，說起來也不能算是教育界的菜鳥了。雖然換到公立學校，她相信她一定有足夠的能力來面對教學工作。

走進班級內，第一天的工作不外乎自我介紹、排座位、選舉班級幹部以及分配打掃工作等前置作業。在今天與學生的第一次接觸之中，呂婉育感覺這個班級似乎有點「來者不善」。初步評估，三十四位同學中大概有三位帶頭作亂的大哥、五個看起來是喜歡附和的小弟、多數則應該是不會搗蛋也不喜歡讀書的一群；至於還算願意認真的同學，應該只在七、八個之間吧！她不知道其他班級的情況如何？但是面對這種班級自己早就心裡有數了。也罷！自己是新進教師，有什麼好計較的呢？呂婉育當下在心中訂定了她的教學計劃：像這種班級，都已經到三年級了，那些自我放棄的學生已經可以不用考慮了，她決心把努力的焦點擺在那七、八位同學之間，務必讓他們能考上好的學校。

第一個月，一切果然和她預期的差不多，那三個帶頭大哥果然三不五時地在上課時作怪；多數同學平常一副懶洋洋的模樣，不過總是在有人作怪的時候，瞪大眼睛等著看好戲。呂婉育才不會上了他們的當呢！要是在這個時候和學生交上了手，她就沒有時間上課了，所以她對那些行為完全視而不見，目光的焦點完全擺在她認為還有希望的那七、八位同學身上。事實上，為了方便起見，她已經把七、八位同學的位子集中在教室的中心區，不僅方便他們認真上課，也方便任課老師對他們上課。此外，為了對這些同學有充分的照顧，呂婉育要求他們利用下課時間分批到辦公室來讀書；一方面是怕他們浪費了下課時間，二方面也可以就近關心他們的功課。

第三個月，呂婉育感覺那七、八位重點同學好像有點動搖，有兩、三位已經開始出現不耐煩的表情。那三個帶頭大哥似乎已經玩累了，現在大多數的時間都是趴在桌上睡覺；取而代之的是另一批原本只敢附和的同學，這些同學應該是看到先前那些搗蛋的同學都沒事，所以現在換他們放心地在課堂上聊天了。呂婉育沒想到這一點，只是覺得奇怪，這些人平常雖然不讀書，但是還算不會影響上課秩序，怎麼現在好像愈來愈囂張呢？擔心歸擔心，呂婉育還是堅守自己一開始的大原則，雖然現在願意讀書的同學只剩下五個，她還是決定救一個算一個。反正同學們不懂事是他們自找的，日後他們就會嚐到苦果；那些想自我放棄的同學就放棄吧！只要還有一個同學願意相信老師，她就一定要讓這個同學考上理想的學校。

第七個月，下學期的第一次段考剛考完後不久，呂婉育踩著沉重的步伐往教室的方向移動。老實說，她才剛失去最後一個教學的目標，還在思考一個沒有觀眾的演員，要怎麼說服自己繼續在舞台上表演？昨天到學校上課的時候，看到桌上擺了一張摺起來的信紙，署名人是陳天慈。陳天慈是她當時僅存還算用功的學生，看到她一大早就寫信給自己，還以為是要反映班上的情況；沒想到把信展開，竟是陳天慈對自己的一番剖白，說是老師給她的壓力太大，她已經承受不了了。陳天慈自訴自己不是讀書的料，辜負了老師的一番苦心她也很抱歉，可是希望老師不要再特別關心她了，她不希望自己和其他同學有什麼不同，所以希望老師可以放手讓她自生自滅。

看到這一封信，呂婉育的心涼了一大截，她實在很不能理解，明明自己非常認真地照顧這些同學，為什麼他們就是不能體會老師的一番心意，硬是要淪落到和那些不讀書的人鬼混呢？學測就在眼前，畢業典禮也在不久之後，畢業之後，同學們難道不是各奔前程嗎？為什麼不要把握住最後的機會，好好地做最後的衝刺呢？同學？同學還能有多久的時間，浪費了這最後一年的時間，一旦畢業後，同學沒了，自己的未來也沒了，値得嗎？罷了，俗語說：「牛牽到北京還是牛。」這些學生要怎樣就怎樣吧！反正我已經盡力了。

三年七班

開學第一天，徐雅欣老師略帶興奮地進到這一個班級，這是她第一年考上正式教師的資格；不過她之前已經在各個學校擔任代課四年的時間，說起來也不能算是教育界的菜鳥了。這一次終於如願考上正式教師資格，她告訴自己一定要好好地珍惜這得來不易的工作。

走進班級內，第一天的工作不外乎自我介紹、排座位、選舉班級幹部以及分配打掃工作等前置作業。在今天與學生的第一次接觸之中，徐雅欣嗅到這個班級似乎有點「消極頹靡」的味道。初步評估，三十四位同學中大概有三位帶頭作亂的大哥、五個看起來是喜歡附和的小弟、多數則應該是不會搗蛋也不喜歡讀書的一群；至於還算願意認真的同學，應該只在七、八個之間吧！她不願猜測其他班級的情況，但是對她來說，相逢即是有緣，她決定要使出渾身解數來讓同學們喜歡讀書。雖然，同學們從現在才起步面對學測或許稍晚了些，不過誰說人生只有一場學測呢？就算一年後的學測來不及，只要建立正確的學習觀念，未來還長遠得很呢！

第一個月，一切果然和她預期的差不多，那三個帶頭大哥果然三不五時地在上課時作怪；多數同學平常一副懶洋洋的模樣，不過總是在有人作怪的時候，瞪大眼睛地等著看好戲。徐雅欣總是先警告那些搗蛋分子，雖然他們現在對學習沒有意願，但是仍然要尊重其他同學求學的權利。上課的秩序得到初步的要求之後，徐雅欣把目標放在那些「不好不壞」的同學身上，她試著安排一些簡單的作業，鼓勵同學們確實完成。此外，她也寫了一張「教師晤談時間表」，每天至少利用三節的下課時間，分批地把同學們找到辦公室來聊天；剛開始同學們都很緊張，後來發現老師真的只是找他們「純聊天」時，大家都變得很樂意了。只是大家都沒有發現徐雅欣做了一個小小的安排：她讓中間區的同學被晤談的機會比較多。

第三個月，徐雅欣先是感覺那些大哥的小弟們不再那麼盲從於大哥的指揮了；接著又感覺那三個帶頭大哥的動作有明顯地減少，他們仍不願意讀書，但是已經懂得尊重上課的老師以及想讀書的同學。至於她與同學們的聊天時間，在她的引導之下，居然已經加入了不少功課討論的話題。班上那七、八位會讀書的同學變得很受歡迎，因為徐雅欣刻意幫大家分組，讓這七、八位同學有機會帶領其他同學讀書，而大家為了爭取各組的榮譽，總是主動和這些小組長討論功課。這一切看在徐雅欣的眼裡，總是讓她感到欣慰。沒錯！讀書就應該是這樣快快樂樂地，就算到時候學測考不好也沒關係，他們現在所學的一切都將是未來學習的基礎，只要基礎打得穩，不怕日後蓋不成高樓大廈。

第七個月，下學期的第一次段考剛考完後不久，徐雅欣意外地發現連周登誠也在起鬨著要知道考試的成績。周登誠是班上最頑劣的學生，在全班已經漸漸培養出讀書氣氛的時候，只有他還堅持而且要求其他同學不要浪費時間在讀書這種無聊的工作上。徐雅欣並沒有去斥責他妖言惑衆，反而告訴其他同學要尊重每個人的想法；周登誠覺得讀書不重要，那是他個人的想法，只要沒有影響到其他人，每個人都可以保有自我的想法。這一天，徐雅欣發現周登誠也在詢問段考的成績，感動地眼淚都快掉下來了，口頭卻故帶輕鬆地調侃他怎麼忽然之間變了性，周登誠說他之前只是不想讀書而已，又不是不會讀書，這次稍微準備一下，順手幹掉幾個同學，也可以證明自己的實力。

班上其他同學馬上噓聲四起，笑著說他太臭屁了，周登誠也笑著反擊回去，結果全班快樂地打成一片。這一切看在徐雅欣的眼裡，竟是禁不住一邊笑一邊哭了起來；同學們看到老師這種怪異的舉動，不約而同地停了下來看著老師。徐雅欣對同學解釋她是太高興了，這個班級是她擔任正式教師的第一個班級，原本沒有太大自信的，特別是自己在三年級的時候才來擔任班導師，一直很擔心沒有辦法把班上同學帶好，可是現在看到班上同學的氣氛這麼好，她就感覺很欣慰。是的，學測就在眼前，畢業典禮也在不久之後，畢業之後當然即將各奔前程了，但是同學們今天這樣快樂地嬉鬧，卻將永遠留在各自的回憶之中。同學們現在的成績，當然是比以往進步許多，卻仍然可能還是考不上國立高中，不過這也無所謂，大家已經在讀書態度上打下良好基礎，以後不管讀哪一所學校，相信都可以有好的表現。

故事背後

美國學者研究指出，在一棟建築物裡，若是有一扇窗子的玻璃被打破了，卻沒有人去做任何的處置，很快地就會再破第二塊、第三塊；當到達一個數量之後，整個破壞的速度更會呈倍速上升。心理學家想要研究這個關鍵的數字是多少？在什麼樣的情況下會讓他人認為：這個地方反正是沒有人在乎，所以可以隨便破壞無所謂？這個數字其實並沒有被人發現，因為干擾的變因太多，但是這樣的現象卻已經是普遍被接受的事實。事情會變好或變壞，往往只是一個關鍵點的突破而已，壞同學多到一定的數量，全班就會快速淪陷；好同學增加到一定數量之後，全班也會快速地步上正軌。

我太太的小妹讀大學的時候，總會利用時間去打工。有一次她應徵了一家泡沫紅茶店，說是可以順便學一些調製飲料的技巧；一個月後，我和太太一起去找她，嚐嚐她現學現賣的手藝，正開玩笑地說她可以出師時，她說不行，店長還沒有把「掃廁所」的工作交給她。我還以為她在開玩笑，之後她才補充地說掃廁所一直都是店長親自進行，因為廁所的保持決定了顧客怎麼看這家店。她這麼說我才想到我去餐廳吃飯的時候，也常常會以廁所的清潔度來判斷這家餐廳的好壞。我記得有一家餐廳的老板說他固定每兩、三天就會為廁所裡的花瓶換上鮮花；雖然只是小動作，卻讓上完廁所的顧客主動把環境整理乾淨，因為大家都不忍心讓這樣乾淨的環境壞在自己手中。

應用破窗理論而成功的最有名的例子，應該是前紐約市長朱利安尼在整治紐約市治安的過程。為了減少紐約市捷運犯罪率高漲的問題，市長首先處理了看似與治安無關的整潔問題，消除了牆壁的塗鴉及捷運內的髒亂，讓捷運不再與負面的印象畫上等號。接著又加強取締未買票進站的民眾，讓人不容易心存僥倖；若是連「未買票進站」這種小錯都會被捉，當然就不敢犯其他大錯了。事實上，在取締這些未買票進站民眾的過程中，還意外地破獲了一些小型的犯罪。於是，這些小動作確實發生了作用，讓捷運內的犯罪率大幅下滑。

回到學校，在一開始的故事裡，我們可以發現呂婉育和徐雅欣兩位老師擁有類似的背景，面對類似的班級，但是因為帶班的邏輯不同，結果卻有天壤之別。呂婉育老師可能比較實際些，既然國中生的任務就是努力考好學測，那麼剩下這最後一年，當然是先救那些還有希望的同學了。只是，隨著學測的逼近，緊握住學生的手就好像是握著海中的沙一樣，不管手握得再緊，隨著潮水退去，仍然無法阻止沙子不斷地從手中流失；至於徐雅欣老師則是比較理想一些，她把目標看得更遠，所以眼前的學測就變得不那麼重要。她把重點擺在「不好不壞」的多數學生身上，結果就好像是滾雪球效應一般，一個、兩個、愈來愈多的學生受到老師的感染。

徐雅欣當然是一位好老師，但是呂婉育可以說她是壞老師嗎？我覺得問題出在教育環境的轉變。在以前，想讀書的同學總是多數，所以老師把焦點放在想讀書的同學身上時，意外地也把注意力放在多數同學的身上，結果巧合地發揮破窗效應，把那些不喜歡讀書的同學也帶了起來。而現在呢？假性的資優班、變相的實驗班的存在，造成常態班裡同學分布的情形一點都不常態。在真正的常態班中，原本應該有足量的想讀書的同學來帶動風氣，卻因為資優班刻意集中了這些想讀書的同學，導致剩餘常態班裡想讀書的同學數量不足以帶動全班的讀書風氣。

或許有些學校會說：我們學校並沒有資優班，也沒有進行能力分班，為什麼學生的成績還是考不好呢？我想，有可能是同學們開竅得慢，因為現在足以引誘同學們分心的刺激實在是太多了；不過這種問題不用擔心，因為學生該有的成就絕對少不了。除此之外，分數的認定也會切割多數及少數的分野。老師要關心九十分以上的少數同學呢？還是六十分以上的多數同學？關心的族群不同，結果會很不一樣哦！

離開分數，有經驗的老師就會知道，能不能把一個班級帶好，關鍵人物恐怕不是老師本身，而是班上有沒有能夠和老師配合的學生。我想再次強調「團體」的觀念及重要性：老師和學生是不同的團體，這是沒有辦法改變的事實，老師如果願意放下身段和學生打成一片，的確可以縮小兩者間的差異，達到某種程度的效果，但畢竟還是有限。此時，如果老師一直沒有辦法在班上找到能夠配合帶動的同學，班級經營勢必要事倍功半。

我說的可不是「金牌臥底小密探」哦！那是班級經營的技巧之一，雖然可能好用，卻稱不上是堂堂正正的策略。《孫子兵法》有云：「凡戰者，以正合，以奇勝。」出奇致勝必須要建立在整個策略的大方向正確這個前提之下，戰爭是、政府運作是、公司營運是、學校管理是、當然班級經營也是。或許有些老師在「出奇招」（用很多的活動、表演、甚至奇裝異服來吸引學生注意）這件事上獲益不少，以後更是盡力鑽研各種招式可能的變化，結果忽略了回頭審視教育本質的內涵；到後來黔驢技窮了，可以怪罪學生喜新厭舊嗎？其實是一開始的出發點就有瑕疵了。

回到主題，老師需要有班上的同學可以配合，那麼需要多少同學才會發生效果呢？不用說，當然是多多益善。但是如果只有一個呢？兩個呢？我記得以前看過一則小故事，有一個社會學家想要研究人的好奇心，他請了一個人站在街頭看著天空，想要觀察其他人對這個人的行為會如何表現？會不會跟著一起往上看？五分鐘過去了，儘管路人經過時多數會對他投以好奇的眼神，順便也抬頭看一下天空，可是明明就什麼都沒有，所以大多不予理會。七分鐘，有一個人耐不住好奇，靠到實驗者的身邊，詢問他到底在看什麼？實驗者給他一個含糊的答案，然後自顧自地專心看著天空；這個人禁不住好奇陪著一起看天空，兩分鐘之後，這個人實在找不到他到底要看什麼？所以就離開了。

十二分鐘，又來了一個好奇的路人，他像上次那個一樣陪著向天空搜尋一個不存在的事物，但是他比較有耐心，似乎不達目的絕不罷休。十八分鐘，有第二個人加入他們的團體；二十三分鐘，第三個人加入；二十六分鐘，第四個人加入；他們彼此之間的對白很有趣：「你在看什麼？」「沒什麼，聽說有一個不明飛行物體在天上，那邊！你有沒有看到！」「哪邊？咦！好像有點影子哦！那邊！那個好像也是。」「不是吧！那應該只是光線的折射，你會不會想多了」「喂！你們都找錯了，有沒有注意到那裡，那可是佛祖顯靈……」「對耶！你看，那邊是眼睛、嘴巴……」「……」

從第四個人加入之後，加上原本的實驗者，一共有五個人專心地往天空看，神奇的事就這麼發生了，一分鐘後，第五個人加入；再過四十秒，第六、七個人加入；再過二十八秒，又來了四個人；

當人群的數目愈大的時候，聚集的速度也變得愈快。真正的實驗者在第十三個人加入時就偷偷離開了，不過沒人發現，大家還是在持續上面無意義的對話，認真而專注地尋找任何一個可能異樣的物體。過了三十幾分鐘，有些人不耐煩了，有些人發現自己在趕時間，有些人脖子痠了，所以到後來人群也散了，街頭回復平靜，實驗結束。

人就是這麼神奇的動物。我在從事班級經營的時候，往往發現當某一個同學開始主動配合的時候，整個班級就忽然之間動起來了；一開始以為是這一位同學的獨特魅力幫了大忙，後來發現「誰」好像不重要，重要的是他是「第幾個加入的同學」。因為他的加入，滿足了關鍵點的數目，啟動了破窗效應的作用。這麼有趣的數字到底是三個、四個？還是五個、六個呢？我想和每一個班級的特質有關吧！但是因為假性資優班的存在，學校把這些學生統統集中到某一個或兩個班級去了，剩下來平均分配到各班的同學們，還有沒有足夠的數目來滿足關鍵點呢？

在進行這種假的資優班或是違法的分組教學時，校長主任都會說只要老師們盡力照顧，絕對不會有任何一個同學被放棄。不過事實是，在後段班的同學不管怎麼努力地照顧，就是充滿著帶不起來的無力感。這麼說好了，要養好一匹馬，我們應該給牠均衡的營養、充足的運動；如果有一個養馬的人只是把馬兒關起來不讓牠出去運動，每天吃好、睡好，兼作按摩；或是另一個養馬的人幫馬兒設計了各種的訓練課程，可是飼料卻是少得可憐；這兩種養馬的方法可以養得出健康的馬兒嗎？若是養不出來，第一個可以說營養還不夠，第二個可以怪罪訓練課程設計不當嗎？同樣地，學生的求學需要有老師認真教導，以及同儕之間相互砥礪，少了其中一項，效果註定大打折扣，絕對不是什麼「老師再辛苦一點」就可以挽回的。更何況，如果從「團體」的角度來看，「老師的教導」與「同儕的互動」，恐怕後者比前者要重要得多。

我相信每個同學都可以帶得起來，只要班上有足夠願意配合的學生。所以拜託，把應該有的學生還給老師吧！我相信有少數資優的同學，的確值得特殊的教育方式，但是對於多數假性資優的同學，硬是把他們塞到資優班真的是在幫他嗎？有沒有幫到這些同學我要打一個大問號，但是卻害慘了剩下常態班的學生及老師們。在一開始的例子裡，大家應該都覺得徐雅欣老師很棒，但是我卻不敢要求所有的老師都能像徐雅欣一樣。我覺得我們不應該要求老師們超級優秀，優秀到雖然教育體制亂搞也能夠拯救被放棄的學生。真正應該要求的是體制，希望能有一個健全的體制，可以讓多數的老師都能夠很簡單地做好教育下一代的任務。

10. 連結與強化（linking vs. reinforcement）

故事一

「八年十二班賴育祥，八年十二班賴育祥同學，聽到廣播後立刻到學務處來。」

在八年級的導師辦公室裡，曾欣婷對坐在她旁邊的王淑惠老師問道：「在廣播你們班耶！賴育祥又出了什麼事了？」王淑惠無精打采地回答：「賴育祥？誰還管他啊！天曉得他這次又和誰打架了，反正待會兒學務處就會打電話來通知我過去協同處理。唉！我哪裡有什麼辦法處理？頂多就是打個電話通知家長而已。他的家長也早就表示對這個孩子無能為力了；連他的爸媽都沒有辦法，我區區一個小小的老師又能夠有什麼方法？」

話才說完，辦公室的分機響起，王淑惠心照不宣地看了曾欣婷一眼，上前去接電話；果不其然，學務處請她到場協助處理賴育祥的違規行為。回來後，王淑惠順便把賴育祥帶回來辦公室進行輔導。曾欣婷一邊批改聯絡簿，一邊偷眼觀察輔導的情形。雖然曾欣婷和王淑惠交好，但是曾欣婷一直不好意思老實地告訴王淑惠一件事，那就是她常常把王淑惠的輔導工作當成連續劇在看，用來打發上班的無聊時光。

王淑惠老師很嚴格，如果在操場升旗的時候聽到有人在罵學生的聲音，大概就是王老師在罵她班上同學升旗講話，或是排隊亂動之類的小事。在操場上，王老師不但罵人，而且還會指名道姓地罵，似乎有點故意要羞辱同學的感覺。為此，曾欣婷也曾經和王淑惠提醒過，是不是幫學生留一點面子比較好？可是王老師很堅持這樣才會讓學生「不敢」再犯錯。勸了幾次無效之後，曾欣婷只好希望王淑惠這樣的想法真正有效了。只是從每次升旗聽到她罵人的頻率來說，曾欣婷實在感覺不出這樣的方法真的有達到什麼目的。

再說到王老師把學生帶回來辦公室輔導的經過。最早的時候，她只是簡單地處罰，外加一些威脅恫嚇，可惜不管怎麼處罰，學生們似乎都不當一回事，威脅好像也只是把學生的膽子愈訓練愈壯。於是，王老師開始改用說理的方式，幫同學把事件的前因後果分析清楚。這一部分比較有趣，不知道王老師是不是在開玩笑，曾欣婷聽到最後的結局總是：「……你這個人以後就沒用了。」不管是忘了寫作業，還是指甲太長這類的小事，結局依然不變。學生當然不吃這一套，三天兩頭地，同一批學生就會再來一次。接著，那一次真的是把曾欣婷給嚇了一跳，王淑惠在輔導到一半的時候，忽然語帶哽咽，曾欣婷轉頭一看，竟然發現王老師紅著眼眶在請同學們能夠「成熟一點」。曾欣婷趕緊再把目光轉向那些被輔導的同學，看著他們表現得手足無措的樣子，迥異於平常那種漫不在乎的神情，她不知道王老師是哭真的還是哭假的？但是這一次的方法或許算是成功了吧！

可惜好景只維持兩週左右，那些同學又到辦公室來了。曾欣婷看得出來王淑惠的疲倦，各種方法都用盡了（上次的淚水證明是「技巧」之一），難不成要向學生下跪求饒嗎？這一次的輔導只花了短短的三分鐘，王老師幾乎只是象徵性地交代幾句，就叫學生回去了，賴育祥就是那幾個同學的其中之一。在王老師表現出明顯地失望以及無力感之後，其他同學好像收斂了一點點（真的只有一點點），但是賴育祥的違規行為卻是變本加厲，任誰都無法控制。王老師選擇對他的行為睜一隻眼閉一隻眼，刻意忽視他的存在，不過這也不代表王老師全面地放棄班級經營，畢竟班上還有不少同學吃她那一套。於是，曾欣婷在某一天聽到了一句奇怪的對白。

那一天，王淑惠先是處罰了幾個上學遲到的同學，接著打電話到賴育祥的家裡，因為他甚至還沒有到學校。曾欣婷只能聽到王淑惠的聲音：「怎麼了？為什麼現在還沒來學校呢？」「什麼！睡過頭了，這樣不行哦！趕快起來洗臉換衣服到學校來。」「沒關係！這幾節課我幫你請病假，你趕快來學校就好了。」「嗯！就這樣了，記得哦！趕快來學校……」一時間，曾欣婷有點不能適應王老師的態度，怎麼遲到幾分鐘的要接受處罰，睡過頭沒來的反而可以得到老師的好言相勸。王淑惠語重心長地說：「賴育祥反正是沒救了，現在我能做的，只是盡量讓賴育祥待在學校裡，以免在外面交到壞朋友。」

故事二

高聖洋老師昨天沒有睡好，早上又連續上了兩節，終於在第三節沒課的時間，可以趴在桌上稍微休息一下；疲憊的他很快就進入夢鄉，卻在朦朧之中感覺到有人在說話的聲音。他抬頭搜尋辦公室內聲音的來源，很快地發現姜宜華老師以及她對面的學生，高聖洋心想：「哦！別又來了吧！辦公室裡許多老師喜歡利用自己沒課的時間把學生叫到辦公室來輔導，看樣子，自己這個白日夢是不可能做得安穩了。」

高聖洋無奈地趴在桌上，卻是一點睡意也沒有，只好消極地閉目養神一會兒。果不其然，因為還沒學會把耳朵關起來的工夫，高聖洋只能無助地任由姜宜華對學生碎碎唸的音波持續衝擊他的耳膜。大約過了二、三十分鐘，他感受到音量開始有變大的趨勢，根據以往的經驗，這是表示姜老師的演說接近尾聲；同樣地，這往往也表示他將聽到那最讓他不以為然的一部分。

「所以，老師已經跟你講了這麼多，你已經瞭解了嗎？」

「……」（學生沒回答）

「看樣子你好像還是沒有很清楚哦！那麼我再說一次，你現在還只是一個學生，要交朋友以後機會多得是，現在應該要把心思放在功課上面，懂不懂？」

「……」（同學還是沒回答）

「懂不懂？」（姜老師再把音量提高四度）

「……懂……」（同學很虛弱地回答著，而且很明顯可以看出他的不耐煩）

姜老師心滿意足地說：「好！希望你真的懂了，回去吧！」

同學離開辦公室，高聖洋抬頭看著辦公室裡的時鐘，十點四十分，剩下五分鐘下課，原本可以好好休息的第三節，竟然就這樣流逝了；他起身去上個廁所，回來後開始批改聯絡簿。下課鐘響，老師們陸陸續續地回到辦公室，不過奇怪的是同學們也從四面八方湧入辦公室內，整個辦公室熱鬧得像個菜市場一樣。高聖洋疑惑地看著辦公室內這麼多的同學們，搞不清楚他們到辦公室來的目的是什麼？不過可以確定的是他絕對沒有辦法「安靜」地做事。

上課鐘響，同學們的聲浪也像潮汐一般退去，整個辦公室忽然間靜了下來。在這麼高的落差下，高聖洋的疲累好像又湧了上來，他警戒地看了全辦公室一眼，很好，辦公室裡只剩下他了，他收拾好正在批改的聯絡簿安心地趴了下來，心想這一次不會再有狀況了吧！拿起午睡枕，輕輕地拍了幾下，順便調整一下坐姿，準備享受這片刻的安寧。沒想到門一開，有人走了進來，他嚇了一跳抬起頭來，原來是賴惠芳帶著學生進來，還好，賴老師雖然也常帶學生進辦公室輔導，不過一向把音量壓得很低，不會吵到他。

一覺好眠，醒來已是午餐時間，高聖洋趕快到教室看同學們用餐的秩序，監督中午的打掃工作，然後盯著同學們趕快趴下來午休。看著大家似乎都已進入夢鄉，高聖洋輕輕地回辦公室，卻看到辦公室裡七、八個同學東倒西歪地坐在辦公室的地上。只瞄了一眼就知道那些是九班的同學，想也知道是潘巧涵老師處罰同學在午休時間到辦公室讀書。潘老師人在教室裡看其他同學午休，所以那些學生也就三三兩兩地拿著書本「聊天」，完全忘了他們到辦公室是被「處罰讀書」。高聖洋搖了搖頭坐回自己的位子不做任何表示，有什麼好說的呢？罵了別班的學生說不定要造成同事間的不快，更何況同學們通常也不會把別班的老師看在眼裡。

放學，高聖洋上完最後一堂課，回到辦公室收拾東西準備回家，臨走前聽到三班導師正在處理他班上同學的問題。

「哦！所以你是因為昨天放學的時候被車子擦撞到，然後又看到四班的林紹志在笑你，所以今天才找人去打他的，是不是？」

「對啦，誰叫他要笑我！」同學很生氣地回答。

古老師接著說：「他笑你當然不對，但是你這樣亂打人就可以嗎？大家都像你這樣，那我們學校不是每天都要發生打架事件了？」

「……我只是一時氣不過，沒有想到那麼多。」同學先是一副「要殺要剮隨便你」的態度，接著看到老師嚴厲的眼神，態度才稍微軟化。

古老師說：「那麼你知道錯了嗎？」

同學回答：「我知道錯了。」

古老師又說：「好吧！既然你知道錯了，老師這次就不再處罰，希望你下次能夠記住，好好控制自己的脾氣……」

這時候高聖洋已經收拾好東西準備離開了。但是回家的路上他卻一直在思考：「因為對方笑他就打他是一個可以接受的理由嗎？」「學生認錯之後就可以不用處罰了嗎？」唉啊！他用力地把頭甩了幾下，告訴自己：「今天太累了，還是趕快回家休息好了，現在身體的狀況實在不適合想事情。」

故事背後

這一篇文章是我寫這本書的起因，因為我覺得不管是老師還記不記得行為主義，或是家長們有沒有聽過行為主義？老師及家長們總是在不經意間，使用了行為主義中「連結」與「強化」的觀念。例如：考試考差了就打屁股，希望孩子記得這個教訓之後，能由屁股的痛而督促自己記得要讀書（連結）；考試考好了會給獎品，希望這個獎品能加強孩子讀書的意願（強化）。在今年（96 年）通過的許多新法裡，有一條明定孕婦不可以抽菸。走在國際的前面；但是接著觀察家又說：這一條法令並沒有搭配罰責，很可能會達不到效果；又有另一則新聞說：「元旦開始交通大執法，特別調高幾種重大違規的罰金……」畫面轉到交通部某位官員的特寫：「……是的，我們希望藉由提高罰金，能夠遏止民眾繼續交通的違規事件……」諸如此類的說法其實也都是用到「連結與強化」的概念，而且是在心理學上比較不被認可的「懲罰」的觀念。真有趣，當所有人都在要求老師不可以體罰學生的時候，我們的政府正不斷地提高懲罰民眾的手段。

中國人根深柢固地認為「不打不成器」，很多舉措在無形中都用了行為主義的觀念。然而，因為是在無意間使用行為主義，所以往往沒有考慮到一些使用上的限制，也沒有考慮到我們在其他不經意的行為中，學習也已經偷偷地在孩子身上發生了。這裡或許有一點值得提醒所有的家長及老師們，孩子會怎麼學，並不是來自我們怎麼教，而是在孩子心中一點一滴，所見、所聞、所想、所感的累積，我們不能只是一味地希望自己期望的結果會發生，自己沒有想到的部分就一定不會發生。為此，我認為我們應該更認真地看待這個問題，不要讓學生產生錯誤的連結，避免學生進行錯誤的強化。

在行為主義中，大致分為古典制約及操作制約兩個派別。在古典制約中，實驗者藉由新舊刺激的配對，讓個體學會在某個特定刺激出現的時候，能夠做出特定反應，這就是所謂「連結」的觀念。此時，學習者學到 a 原來和 b 有關係，所以看到 a 的時候，就會自然地表現出 b 的行為。然而，在日常生活中有許多的行為並不能用這種形式來解釋，例如嬰兒剛出生時，並不會發出任何聲音；當他的身體發育成熟到可以發聲時，發出來的聲音往往也只是一些無意義的音節，但是當他偶爾發出類似「爸」、「媽」的聲音時，爸媽就會很高興地抱他、親他，讓這個嬰兒學到發出「這個聲音」可以讓身邊的人高興，他就會多發出這個聲音。於是，有一派學者從這個觀念出發，認為學習往往是來自所謂的「強化」，這也就是所謂的操作制約。茲將上述兩個觀念簡述於下：

古典制約

俄國生理學家巴夫洛夫（Pavlov）在以狗為實驗對象的消化腺研究上，意外地發現一件引起他興趣的事。當研究助理把食物送到狗的口中時，其唾液開始分泌，這是正常的生理現象；接著發現狗只要看到食物，就已經開始分泌唾液；後來甚至只要聽到研究助理的腳步聲，就看到狗已經開始流口水了。這個不足為奇的現象，卻在進一步的研究之後，發展成行為主義的觀念，主導心理學數十年的發展，不能不令人感到訝異。

且讓我們以「用鈴聲搭配食物讓狗流口水」的實例，來說明古典制約發生的經過：整個制約的反應大約分為三個步驟：（1）讓狗看到食物（原始刺激），狗就會開始流口水（原始反應）；（2）把鈴聲和食物搭配出現多次（制約進行中），因為食物會出現，所以狗還是會流口水；（3）狗只聽到鈴聲（制約刺激）但沒有出現食物，一樣會流口水（習得反應）。當實驗進行到第三個步驟的時候，其實也就代表著狗已經學習到「鈴聲意謂著食物即將出現」這個事實，也就是說狗已經在鈴聲與食物之間做了連結。華生（Watson）曾經講過一句名言：「給我一打健康的小孩，我可以隨機地讓他們成為各式各樣的人才。」意思就是透過適當的連結，人們可以學會所有事物。

操作制約

美國的心理學家桑代克（Thorndike），用貓做了一個「迷籠」（puzzle box）的實驗，開啟了操作制約實驗的大門。桑代克把一隻餓貓關在籠子裡，在籠外放食物；貓在籠子裡急忙地亂衝亂撞，意外地踩到一個開門的機關，順利跑出籠外得到食物。慢慢的，在多次練習之後，餓貓終於學到只要一關進籠子裡，就會去踩踏機關出籠。桑代克把這個過程稱為「嘗試錯誤學習」，並認為學習的產生來自三個基本定律：

1. 練習律：練習次數愈多，學習的效果愈好。
2. 準備律：貓是不是真的很餓了？愈餓的貓愈願意去做各種嘗試。
3. 效果律：反應後是不是得到想要的結果？如果是，下次就會想做相同的行為表現。

同為美國心理學家的史金納（Skinner）改良桑代克的嘗試錯誤學習，提出了著名的操作制約的學習理論。他首先設計了一個更精密的史金納箱（Skinner box）取代餓貓迷籠，並且改以「強化」一詞來取代效果律。若是個體在表現某種行為後得到適度的鼓勵，那麼個體在日後就會更願意在類似的情境中，表現出相同的行為。

好了，且讓我們來看看一開始的例子。在第一個故事中，王淑惠老師所選擇的班級經營方式，一開始是威脅恐嚇，希望學生把「行為」和「處罰」做連結；不過學生顯然認為老師的處罰不是太嚴重，所以這個連結的強度就不夠，宣告失敗。這裡有一個小小的地方值得注意，若是有家長或老師偏愛這種方式，請務必做到「一擊必殺」，也就是不管用什麼樣的處罰，一定要確定有效才做，否則會加強孩子對處罰的免疫力（關於這一點，後面的「消弱突現」將有更進一步地說明）。尼采曾經說過：「那些未曾置我於死地的打擊，都將使我更為堅強。」多半也是這個意思（用這種方式來詮釋大師的話，實在是對大師不敬）。

接著，王老師改用講道理的方式，希望同學們能把「行為」與「後果」做連結；不過不知道是王老師說的道理不夠清楚，或是同學們理解的能力太差，於是這樣的連結也失敗了。最後，王老師甚至使用了苦肉計，希望學生把「行為」和「老師的情感」做連結，當我這樣寫出來的時候，讀者想必可以瞭解其中的荒謬之處。不過或許有不少老師會說他曾經用過，而且還真的滿好用的，我覺得這是因為老師們激起了同學本性中良善的一面。這個動作有它的潛在危險，因為人性是不可以被測試的，萬一學生在無意間發現了老師只是在演戲，後果可能非常嚴重。再說，我們不應該鼓勵學生為了「他人」而努力，應該要教導學生分辨是非對錯，然後做自己認為對的事情，並且學會為「自己」的行為負責。

這個故事中也有強化的影子。先來談談學校裡有一些「習慣性違規」的同學們；若是偶爾犯規的同學，我會認為這是行為問題，但是有一些同學會習慣性違規，我就會懷疑這些同學其實是在用自己的方式尋求對自我的認同。

大家都希望自己是個很重要的人，也希望他人能夠注意進而肯定他的存在；這種需求因人而異，而當事人能否從身邊得到這種存在感也與所處環境有關。我猜測賴育祥可能長期受到他人的忽視，所以藉由違規行為來吸引他人的注意；別人被老師叫去罵是一種處罰，對賴育祥來說可能是一種享受。或許老師會說：「不可能，這個學生平常就跟著一堆小嘍囉，怎麼會有被忽視的感覺？」我猜想這是因為當事人已經學會了「違規才會被注意」，所以就算他現在有許多的小嘍囉在身邊，他還是會擔心萬一不違規了，這些人就會離開他，那麼他又要回到孤單的一個人；為了避免這種現象，只好不斷地違規以求注意。

當然，這不是絕對，我只是提出一個可能性而已。但是老師若是沒有意識到這個可能性，那麼老師的種種處罰方式往往只是在強化他的違規行為，而且為了得到更多的「關注」，他會變本加厲地挑戰違規行為的尺度。當王老師自認為已經被賴育祥打敗，不願再罵人的時候，賴育祥反而懷疑是不是自己還「不夠壞」？還不足以引起老師的注意？最後，當賴育祥發現他不管再怎麼壞都不能喚回老師的關心時，或許會放棄尋求他人的關注，完全變得自我中心，不再在乎他人的看法了，這種結局當然不好。

最後，跳脫賴育祥的想法，我們發現王老師在對賴育祥無計可施之後，反而態度一百八十度地大轉變，蹺課、逃學不再用處罰的方式，反而是溫言相勸；對王老師來說，這是沒有辦法中的辦法，不希望看到賴育祥在外面流浪。可是看在其他同學的眼裡，他們會怎麼解讀這件事呢？恐怕會認為：「原來我只要再壞一點，就可以得到老師的尊重。」如果意外地讓其他同學產生這樣的想法，這不是一個很糟糕的連結嗎？

在第二個故事中，我最主要想傳達的觀念是：「不要誘導學生說謊！」不管是前半段姜老師不斷問學生：「你懂了嗎？」或是最後面古老師問學生：「你知道自己錯了嗎？」其實都是在誘導學生說謊。問題不是出在這兩個問句，而是學生回答這兩個問句之後的結果。前者，學生已經遭到姜老師一個小時的疲勞轟炸，不要說只是回答：「懂！」而已，就算要他承諾以後上課不睡覺，考試要考一百分，大概都不是什麼困難的事，反正先離開再說；至於後者，古老師在聽到學生認錯之後，心滿意足地認為她的「教育」工作已經完成，所以就不需要再用任何處罰的手段了，這樣的心態讓學生樂於認錯。因為不認錯就會有錯，而認了錯之後反而就沒錯了；只是這時候的認錯算是真心的知錯嗎？

高中的時候，讀過歐陽修的〈縱囚論〉：唐太宗在準備秋決死刑犯的時候，突發奇想地讓犯人們都有機會回家探視親人，然後和他們約定日子回到京城赴死。期限一到，部分囚犯逃了，皇帝馬上發佈通緝令，處以極刑（古時候光是怎麼死的，就有好幾種分別）；至於那些準時回來的囚犯，唐太宗認為他們已經徹底悔改了，所以就決定放了他們。隔年，太宗又重施故技。歐陽修對這個事件的評論是：第一次回來的囚犯，或許可以相信他們的悔意；但是第二次以後，囚犯們或許是抱著僥倖的心態回來報到（不回來要永遠逃亡，回來或許還可以賺到太宗的一念之仁），此時的心態已經不單純，實在是不應該再放人了。

同樣地，老師若是認為學生已經認錯就可以不用處罰，很有可能會引導學生「假裝認錯」，此時的認錯只是在迴避處罰，而不是真心悔改。歸根究底，其實不能怪學生心機太重（學生的道德觀薄弱，頂多就是趨賞避罰而已），反而老師應該自我檢討，為什麼要提供這樣的機會給學生說謊呢？同樣的事情一次又一次地發生，或許第一次學生還會掙扎著是否要說謊來尋求脫身的機會，但是不斷地強化之後，學生愈來愈不在乎說謊所造成的心理壓力，最後當然也就不會覺得說謊有什麼不對了。

其實我們對政治人物的言行也有類似的強化作用。剛開始，政治人物想要亂開支票的時候，他們的心裡應該是有壓力的：萬一跳票了，會不會被選民唾棄，該不該為自己的言行負責？一旦發現選民不太在乎他跳票這件事，以後說話就可以再大膽一些；一次一次地強化之後，終於練到不管再怎麼說謊，完全無愧於心的境界。這時候大家再來說不可思議是可笑的，因為這樣的功力其實是大家在平常就不斷地訓練的結果。

許多人不覺得說謊是一件很嚴重的事，我認為這樣的想法比說謊本身更加可怕，因為它會動搖到人與人最基本的信賴關係。當人人都習於說謊的時候，我們將如何信任任何一個人所說的任何一句話呢？

在第二個故事中，我還想要強調「辦公室的功用」。辦公室有什麼用呢？其實不是我們說了就算，而是看我們怎麼使用它；也就是說學生對辦公室的連結，不是建立在什麼白紙黑字的使用手冊，而是來自學生內心真實的感受。辦公室當然是老師辦公的地方，此外，有許多老師會利用辦公室來處罰同學的違規行為，例如：打架、作業不寫、考試考差等；另外一些老師會把辦公室當成輔導學生感情、課業、生涯的場所。這兩個不同的任務能不能並存呢？或許可以吧！然而這些工作不見得一定是落在當事老師與當事學生之間的互動，環境本身也可能有加分或減分的作用。

以「處罰」的功用來說，如果叫學生到辦公室讀書是一種處罰，就應該注意不可以讓他們在辦公室裡聊天、嬉鬧。在無形中塑造辦公室嚴肅的氣氛，就好像我們到了圖書館，自然而然地就會把音量壓低一樣；若是能讓學生一聽到要去辦公室讀書，心裡會緊張、擔心，那麼處罰的功用也就完成了一大半。相反地，若是到辦公室讀書還可以聊天、嬉鬧，那麼這種處罰一點意義也沒有；學生反而還可以到辦公室觀察老師們「都在幹什麼」，回去還可以作為八卦中心，提高在同儕間的吸引力，本來想處罰，結果卻成了獎勵，豈不荒謬。

以「輔導」的功用來說，如果叫學生到辦公室是為了生活上的輔導，其實也應該注意氣氛的營造，您不會想要在談到很感動的時候，旁邊卻有老師在大罵學生無恥，這樣的輔導成效豈不是會大打折扣。其實，不管我們打算怎麼定位辦公室，都是透過我們的使用情形，一點一滴地強化出來的；強化到了一定程度之後，就會開始建立連結，形成刻板印象。辦公室到底要怎麼用，當然是見仁見智的問題，但是我誠摯地希望辦公室一定要「有用」；若是我們沒有去思考辦公室的定位問題，一團亂的結果只是讓辦公室變成一個沒有用的空間，豈不可惜。

我覺得做事真的不能只是貪圖眼前的方便，更應該思考我們的一舉一動，長期下來會有什麼樣的後果。本文談到連結與強化，原本考慮把它分為兩篇文章，卻覺得這兩個觀念其實有許多的相似之處，很難做明顯地切割；最大的相同點是：它們往往都是慢慢地發生在無形之中，等到我們察覺時，現象已經造成。這一點很值得警惕。

11. 懲罰之前（before punishment）

在學校看到老師們在處理學生的偏差行為問題時，有些老師講得氣急敗壞，恨死了學生犯下如此十惡不赦的大罪；有些老師講得義憤填膺，覺得學生再這麼不知檢點，根本就是前途黯淡；也有一些老師講得語帶哽咽，希望感動學生能夠體會老師的用心。當然，老師可能用上了一些表演的技巧，無可厚非，只要有助於問題的解決，老師選擇什麼方式都是適當的，但前提應該是學生要能夠聽得進去才行。我常常看到老師已經幾乎是掏心掏肺地在對學生說話，學生卻仍舊一副老神在在，任憑風吹雨打；有的同學面目呆滯，以不變應萬變，不管老師說什麼，總是「嗯、啊、哦」地回應；有的同學面露兇光，似乎在警告老師：「你也不要太囂張，逼急了，大家就來個同歸於盡。」有的同學把頭壓得低低地，你正欣慰著他聽進去了，卻不小心看到他正和窗外的同學擠眉弄眼。

如果被處罰的同學做出了上述的表現，大家可以自行推測成效如何？只可惜我發現有許多老師仍然是「執迷不悟」。我猜這是因為當老師的人都是非常有責任感的人，他們不能忍受自己面對學生的偏差行為，卻只能「什麼都不做」！但是在各種的限制下，又不知道「可以做什麼？」所以就算心裡知道無效，該做的還是要做，這是老師的「義務」。

老實說，經過社會大眾這麼努力地「關心」體罰問題之後，我相信老師動不動就把教鞭拿出來揮舞的可能性已經大大降低了。但是學生的問題不能不管，於是老師們總是要花非常多的時間來和學生溝通：處罰前要先溝通，處罰後也要再溝通。這是好現象，但是在這個轉型的時間點裡，老師善意地想和同學溝通，卻常常被學生解讀成「老師是無能的」。我覺得老師們在處理學生問題，還沒有到需要懲罰之前，可能仍有幾點細節要注意。這一篇文章並沒有什麼心理學的理論或現象，只是我個人的經驗之談。

教育原點

我相信每一位教師都是抱持著一股熱忱來從事這份工作的。但是在實際的教育現場折磨了一段時間之後，有沒有可能，教師們已經忘了自己從事教職的原點了呢？

請想像一個狀況，你站在山腳下傲然地對著山頂發下了豪情壯志，決定要為大家開拓一條沒有人走過的道路，要挑戰一座從來沒有人爬過的高山。帶著一把開山刀，你闖進了山裡，沿途披荊斬棘，殺得好不快活；但是幾天之後，你發現自己被困在一座密林裡，已經過了兩、三天了，好像怎麼都走不出這座森林，抬頭也看不見山頂，不敢確定這個方向是否正確？理性上，你知道應該要先靜下來，拿出指北針、高度計，好好地判斷自己現在的處境，重新規劃出一條確定可行的道路再出發。

然而這座森林似乎有種迷惑人心的力量，它引誘你繼續揮舞你手上的開山刀，它似乎希望你砍到筋疲力竭，然後倒地，被森林吸納為養分。對你來說，你似乎忘了「想要為後人開拓一條上山的道路」這樣的大願，結果手段成了目的，好像只要能夠用開山刀把眼前所有的阻礙都砍掉，就已經是你進到這山裡的目的了。到後來你迷惘了、虛脫了，同時也失去了繼續開路的勇氣，你不知道何處才是終點，不明白你的目標在哪裡？於是你開始在這座森林裡徘徊，反正看情形是走不出去了，乾脆想辦法讓自己在森林裡待著、耗著。沒想到這一住竟是數年，數年之後的某一天，你忽然想到：「我怎麼會在這裡呢？」但是你已經想不起來當年的理想了。

當老師的人就像是這個有著豪情壯志的人，帶著滿腔的熱情闖進「教育」的叢林裡；教書數年之後，或許你會感到迷惘，或許你會感到灰心，或許你會感到氣憤，但是一直困在這個情緒之中是無濟於事的，不如想辦法讓自己回到原點，重新再出發。

懲罰的意義

雖然懲罰長期以來在校園中被廣泛應用，但是它其實並沒有學理的背書。學校是用來學習正確行為的地方，而懲罰是用來消除不當行為的手段。理論上，因為學校不可能會教學生不良的行為，所以學生當然也就沒有不當行為可以被消除，也就沒有懲罰這回事。這當然是很理想的一個狀況。事實上，所有第一線的老師或是家長可能會說：「才不是這樣，我家裡的那個小惡魔，哪有什麼事情做不出來？」這就是我們要思考的問題了，如果我們都沒有人去教導孩子不良行為，那麼他們的不良行為是如何學會的呢？會不會是因為我們在無意中做了一些錯誤示範，才會讓純真的孩子們把大人的樣子學了去？若果如此，在懲罰孩子之前，是不是要先懲罰大人呢？

長期來說，懲罰絕對不會讓學生學會表現正當行為，所以它必定只能是一個短暫的手段，絕對不能被稱作教育的一種方法。也就是說，懲罰不可以被單獨使用，一定要配合輔導的工作。在懲罰之前，要讓當事人知道他為什麼被處罰；在懲罰之後，也要讓當事人知道有什麼正確的方法可以取代他原本不良的行為。

懲罰是不是體罰？個人對文字的運用沒有那麼講究，如果有人說是那就算是吧！雖然我個人反對體罰，但是我並不完全排斥體罰，因為我知道這不是那麼容易戒除的；只要不要把手段變成目的，大致都可以接受。有些老師是為了對被害者家長有交代，或是違規同學的家長要對學校有交代，所以要狠狠地打給別人看，像這種為了體罰而體罰就很不應該。

有一件事情值得一提，雖然學界的理論一致反對懲罰，但是倒還滿鼓勵當事人應該受到「自然的懲罰」。所謂自然的懲罰，意思就是當事人做了什麼錯誤的行為之後，應該讓學生真正感受到這個行為所造成的後果。例如校規裡早就規定了打架要記小過一次，那麼同學打架之後，當然就是記一次小過，而不是告訴他再給他一次機會，然後這一次就先打屁股兩下。我在我的《逃學老師》裡寫了一篇〈愛他？害他？〉就是覺得現在的很多老師或是家長，都不捨得讓孩子去接受他們應該有的「自然的懲罰」，反而是百般呵護，幫孩子逃掉各種的處罰，結果孩子學不到應該為自己行為負責的態度，做起事來當然就是不顧後果地橫衝直撞。

態度的掌握

不管同學們犯了什麼錯，老師通常不會馬上就開鍘，總是要把學生找來問清楚再說。如果找學生來是要對他講話（訓話？），請先確定學生的眼神焦點在老師身上，耳朵也在正常運作當中。而且在談話的過程中，要隨時提醒自己：「學生的心思還在不在？」適時地停頓是不錯的選擇。談話說到一半忽然停下來，這突如其來的沉默，常常能夠把學生的注意力再度集中。很常看到老師愈講愈投入，發現學生好像心不在焉，一急之下又說得更激動，一場獨角戲演下來，竟是什麼事都沒發生。當我找學生來談話時，我會先要求學生看著我；當我發現他有恍神的現象，我會問他：「哈囉，你還在嗎？」當我注意到他開始左顧右盼了，我會暫停談話，請他先把注意力重新集中後再開始；如果他一直都不能集中注意力，我會請他先回去，下一節下課再過來。

如果學生確實有在聽，姿勢或許可以不用太過講究，有聽最重要。但是當學生開始表現不耐煩，或是有抗拒的態度出現時，千萬不要針對學生的態度來罵人，這樣會讓你們兩人的關係變得更糟，結果你這一次的約談不但沒有解決問題，反而是再多製造一個問題。試著忽視他不合作的態度，轉而要求他的外顯行為——姿勢。學生當時若是站著，可以請他立正站好，雖然不用要求像基本教練一樣標準（如果有必要，花一分鐘訓練一下也無妨），但是絕對不能用三七步站著。如果當時學生是蹲著，請他抬頭挺胸，雙手分別放在兩邊膝蓋上；不可以讓學生彎腰駝背，還用手指在地上畫圈圈。坐在地上的處理和蹲著是一樣的，如果當時學生坐在椅子上，請他身體離開椅背，腰桿挺直坐好。我看過有老師在對學生訓話的時候，學生整個人攤在椅子上，蹺著二郎腿，還一抖一抖地晃著。像這種談話怎麼會有效果呢？以上的要求若是同學做不到，或是無法改善，千萬不要生氣，請他下一節再來。

語氣的掌握

老師說話的語氣一定要輕鬆。可以在態度及神情上嚴肅，但是千萬不要大聲講話。有一次在電視節目裡看到一個學生的談話，讓我警惕了好久。他說：「當我看到老師對我大聲的時候，我心裡很清楚老師已經輸了。」我想他這句話的意思是，當老師不得不把老師的架子擺出來，不得不用權威（大聲說話）的手段來威嚇學生的時候，同時也表示，老師在「理」這個字上似乎已經站不住腳了。

就算老師並不是因為「心虛」而大聲，讓學生學會這種行為也不是好事，搞得好像大聲就可以讓他人就範，這算什麼教育呢？不管是在班上還是在辦公室，和學生談話的時候使用普通稍輕一點的語氣講話，也算是在幫學生保留面子；否則若是學生以為別人都注意到你在罵他，為了維護自尊，他的防衛機制只好啟動，而你們之間多半也就沒有交集了。

有一些情形可以算是例外吧！例如當時的環境吵雜，為了要快速吸引當事人的注意力，只好用力地大吼一聲；一聲就好了，當他注意到之後就應該把他帶離那個環境，然後恢復正常語調。或是有時候學生態度囂張，不把老師放在眼裡，只好先表現出氣勢，讓他知道老師還是老師，不容他這樣輕視。不過有些老師真的天生柔順，若是沒有把握，這時候最好請人協助。

時間的掌握

時間是很寶貴的，尤其老師的工作那麼多，萬一下一節上課時間快到了，而學生也看準這一點對你使用「拖」字訣該怎麼辦呢？千萬不要草草結束，那就表示學生的拖字訣成功了，大可以告訴他既然現在不想談，那就下一節下課再來吧！相信我，不管你是要打他、罵他，學生大多都是不痛不癢，學生最怕的是煩，叫學生每一節下課都來談一下話，絕對會讓他受不了。其實談話的內容貴精不貴多，如果老師的談話能夠切中要害，時間往往是愈短愈有效果。多注意學生的眼睛，有經驗的老師往往能夠從學生的眼神中看出他是否聽懂了老師想說的話；如果學生的眼神有抗拒之意，請他下一節再來；若是學生已經有所領悟了，談話最好先告暫停，以免本來已經產生的反省，又因為自己的囉嗦而變質。為了保險起見，可以請學生隔二、三節課（或隔天）之後再來，如此可以做確認，也可以和學生做更深度的討論。

此外，談話的時間最好是利用學生的休息時間，通常是下課時間或是放學時間。一般情況下，不建議佔用上課時間或是午休時間，或是任何班上同學集體行事的時間。有時看到某些老師們很認真，總是犧牲自己的午睡時間和同學們談話，可是一談就是好幾天，我總是會開始懷疑這個同學是不是因為不想睡覺，所以才藉故來找老師談話。上課時間當然也是一樣，學生很容易藉由找導師談話來逃避不喜歡上的課。像這種動機不單純的行為，當然不會達成我們預期的目的。老師為什麼會這麼容易上當呢？因為老師們大多很熱心，只要學生說：「我需要你。」老師大概就願意把心掏出來給他了。

上述說的是一般情況，若是有緊急事故，學生都已經割腕或是捶玻璃了，當然要第一時間處理。

人數的掌握

除了感情上的問題，學生的狀況很少是單獨一個人發生。面對問題時，老師們當然想要一次把它解決掉，所以難免會一次把所有相關同學一起找來；這時候很容易陷入僵局，因為不管老師怎麼威脅利誘，任何一個同學都不想在其他同學的面前示弱。這時候可以考慮個別瞭解，但是不要讓其他同學回到教室，應該請其他同學在辦公室外等著。被詢問的同學背對著辦公室外的同學，看不到其他同學正在注意他，而其他在辦公室外的同學雖然聽不到，卻可以看到老師的表情以及處理過程。老師這時候可以做一些拍肩的動作、傾身向前聽的動作，彷彿同學告訴你很多事情一樣。問完話的同學請他先站在另一邊等著，不要讓他和未問話的同學有機會接觸。不管有沒有得到想要的訊息，大家問話的時間最好差不多，而且每一次都要表現出很感謝學生配合的樣子。在次序方面，問話最好由最不可能說的人開始問起。

上述的情況有點類似問案的過程。說實在的，還有許多細節可以介紹，但是似乎不便寫得太明白，萬一被學生知悉，老師豈不是要破功了。不過話又說回來，我比較建議讓學務處來做這樣的工作，讓導師能專心地做好柔性的輔導者角色。

不談問案，老師有的時候會處罰學生在下課時間到辦公室來看書。嗯……不是處罰，是利用下課時間把學生叫到辦公室來加強功課。我其實不太喜歡這種行為，但是如果真的要做的話，也應該考慮自己到底可以照顧到多少個學生。不能因為有十四個同學不及格，就把十四個同學都叫到辦公室讀書，結果變成這十四個同學在辦公室裡開同樂會，像這樣就是一個很糟糕的示範。假設自己最多能一次看顧三個同學，那麼每一次就只能請倒數三名的那三位同學過來（可能是成績、秩序或整潔工作倒數）。或許你會說還有其他人的表現也都不好，難不成就算了嗎？其實，若是這個方法有效，被請來辦公室讀書的同學很快就會督促自己不要成為倒數三名之一，他或許會變成倒數第七名或是倒數第四名，總之，他真的有進步了；而其他表現不好的同學若是沒有進步，或許就是下一次倒數三名的人選，以此類推，效果不就達到了嗎？總比十四個人在辦公室裡開同樂會強過許多。

不管老師打算做什麼動作，應該都有背後的動機，希望達到什麼樣的目的。我覺得有一些老師可能忘了思考這部分的問題，那麼很容易會讓自己的好意變成沒有意義，實在是太可惜了。

道理的掌握

很多老師（家長）喜歡講道理，這是可喜的現象，否則我們的教育又要走回數十年前的那種威權體制了。可是講道理的難度比過去強調威權的方式不知要難多少倍？要對學生講道理的時候，實在要先多充實自己在各方面的知識，以免面臨講道理講輸學生的窘境。對於完全不懂的領域，最好不要做任何申論，立刻另闢戰場，免得鬧出笑話。例如線上遊戲，多數學生都在玩，多數老師都沒玩過，老師如果只會說：「那個東西有什麼用？以後能夠當飯吃嗎？」（真的有電玩測試員的職業）多半只會讓學生嗤之以鼻，從此喪失老師萬事通的身分。

講道理還有許多注意事項。首先，老師當然不會閒著沒事幹，整天對學生說教，通常是在學生犯錯之後，為了讓學生瞭解他所犯的錯才會循循善誘地嘮叨。這時候會有一個問題，學生所犯的錯是不是有他應得的懲罰？或許是記警告或是要罰站、罰寫課文等，此時，懲罰的動作一定要在說教之前。對大人來說，說教是為了孩子好，希望孩子能懂事，下次不要再犯；可是對孩子來說，聽大人說教的本身就已經被視為懲罰，他這麼配合地耐著性子聽大人說教，心底想的多半是以為說完就沒事了，若是說完了還要再處罰，孩子會覺得他被騙了，或是他的行為遭到雙重處罰，反而會把說教的內容完全拋棄。

其次，這是我最擔心的一點：千萬不要迷信講道理一定可以通。是的，講道理是一個大原則，但是若事事都要講道理會出現幾個盲點。其一，學生看準了老師一定會講道理，而且自己還非得聽「懂」不可，那乾脆就在第一次表現出很懺悔的樣子，或許可以逃避處罰，至少也不用聽太多遍無聊的道理；其二，學生通常是可以分辨是非對錯的，但是他為了迴避自己的錯誤，看準了老師喜歡講道理這個習慣之後，順口就說一個歪理來為自己的行為辯護。老師中計後，很認真地對學生解釋這樣的觀念是不對的，一番你來我往之後，學生原本的錯誤就被模糊掉了，老師也沉浸在「終於讓學生懂了」的喜悅之中，殊不知學生正在一旁偷笑呢！

其三，有些老師覺得孩子還小，可能說一次不懂，那麼就說兩次、三次，到最後他自然就懂了，這樣子的想法可能會被學生利用，因為他只要每一次都裝傻，老師就會每一次都原諒他的過錯。或者，老師的耐心終於在第 n 次崩潰了，不得不擺出老師的權威來要求學生認錯，這個時候學生就會覺得老師根本就是一個表裡不一的雙面人，從此對老師失去信心（就算學生前面 n-1 次的不懂都是裝傻也一樣，只要最後證明老師果然是雙面人，學生前面的說謊都可以被合理化了）。

我要再強調一次，講道理是好事，千萬不要因噎廢食，被學生欺騙一次之後就不再溝通了。我必須這麼說，若是老師因為講道理而被學生騙了，那麼應該檢討的是老師講道理的心態及技巧，而不是講道理這個大原則本身。有的時候，我們做事也應該考慮一下效率，若是對十歲的小孩要講三個小時才能讓他懂，是不是先要求他接受，等到十五歲的時候，再花二十分鐘讓他瞭解比較好。我認為純威權或是純溝通都不是一個好方法，甚至持中庸之道，一半威權一半溝通的方式也不一定最好；而是在孩子還小的時候，威權要多一些，隨著孩子的年紀增長，溝通就變得更重要。反觀現實，許多家長的做法似乎剛好相反，孩子還小的時候拼命溝通，結果發現小孩真是不理性，等到長大了反而放棄溝通，那麼彼此當然只好發生衝突了。

12. 旁觀者效應（bystander effect）

場景

還記得剛教書的頭幾年，有一次在九份辦了一個「高雄師大北區山社校友大會」。會中，一位學長和我們分享一件令他很難過的事情。學長的故事讓我們很感動，但是我們也都對故事裡學生的行為感到不解。

故事是這樣的，某一天的第六節下課時間，大約是掃地工作已經完成，第七節課還沒開始的時候，學長班上的一個同學被隔壁班的幾個同學圍毆，那一位同學第七節沒上就回家了（可能是翻牆離開的）；學長第七節有課，下了課也就跟著大家一起放學回家，完全不知道發生什麼事。

隔天，那一位同學還是沒有來學校，學長打電話到他家關心，才知道原來是被打了，而且事發地點就在自己的班上。當時心中震忿：這麼重大的事情怎麼沒有人向老師反映呢？學長馬上和任課老師調課，直接到班上處理這個問題。一進班上，同學們一開始還在起鬨老師臨時調課，讓他們都沒有準備，不過很快地，同學們都發現學長的神色不對，有些機靈一點的同學已經猜到是怎麼一回事，馬上就靜了下來，然後很快地，全班都把頭低了下來，一副懺悔的樣子。學長由左至右，緩緩地看了全班一眼，接著對全班同學表示，既然事發地點在班級前的走廊，掃地工作的時間，不可能沒有班上的人在現場，請知道的人說一下當時的情形，到底是哪些人到班上來逞兇？同學們鴉雀無聲，頭似乎彎得更低了。沒有反應？好吧，那麼請大家把看到的情形寫下來，每個人都寫，然後摺起來交到前面。

學長收集完全班的紙條之後，還沒看內容，先向大家曉以大義：「大家能夠在同一個班上也算有緣，就算不是同學好了，在路上看到有人出車禍難道不會想去幫忙嗎？怎麼可以任憑別班的同學這樣打人，自己就在旁邊看熱鬧呢？就算不敢出手勸架，難道找一位同學來找老師，或是去向學務處說一聲也做不到嗎……」才說著，下課鐘聲就響了，學長回到辦公室檢查大家所寫的紙條。內容不外乎以下幾種：「我去上廁所了，不知道」、「我在籃球場，不知道」、「我到別班找朋友，不知道」、「……」全班的紙條內容只有一個：「不知道！」

看著這些紙條，學長呆住了。他不是難過校園暴力事件，也沒有想太多什麼幫派的問題，而是被同學之間的冷漠嚇傻了。一個自己班上的同學，姑且不論他的人緣好壞，一個每天會在自己眼前出現的同學被人圍毆，大家居然可以對這樣的事件視若無睹？還在難過的時候，學務處打了通電話來請學長過去，原來是家長帶著孩子到學校來興師問罪了。家長一一展示孩子身上的多處傷痕，頭、臉、胸、腹、四肢，到處都是瘀傷、擦傷，看得在場的老師們都為了這個孩子心痛。

大家大氣不敢透出一口，靜靜地聽著家長發洩怒氣，數分鐘後，主任才請同學回憶當時的情形。從同學的口中得知，打他的人一共有五位，其中有人拿球棒，有人拿木棍，也有人拿椅子的。那時候他剛從廁所出來（班上的教室就在廁所旁），就被人踢倒在地，然後他只顧著保護頭部，所以什麼都沒有看到，可是他很清楚，旁邊有很多的人在看，卻沒有一個人願意幫他。學長強忍著心中的激動，不斷地向家長道歉，也向主任報告到目前為止處理的情形。家長恨恨地離去，只希望學校能夠給他們一個好好的交代。

中午的午休時間，學長再度回到班上，他叫全班同學站著，把剛剛才聽來的情節複述一次給大家聽。他問全班同學：「你們有沒有看到吳俊翔身上受的傷？有沒有想過這件事情萬一發生在你們身上，你會做何感想？好，這一次是吳俊翔被打，你們沒有人願意站出來。下一次呢？下一次如果換了是你（學長指著某個同學），你也希望全班沒有人願意幫你嗎？全部的人都是孬種，不要說事情發生的時候，你們全都躲了起來，竟然在事情過了之後，還沒有人願意出來說明事情的經過，你們的良心都到哪裡去了……」接著，一陣突如其來的鼻酸，他忍不住哭了出來。這一節課的時間，原本他是想要全班同學跪下來懺悔的，可是膝蓋一軟，自己反倒跪了下來，他一邊哭，一邊對同學說：「算了，教書教成這個樣子，我還當什麼老師呢？王八蛋，都算我的錯好了，是我沒有把你們教好，讓你們一個個都成了這樣冷血的僵屍。讀書？還讀什麼書？像你們這樣子，書讀得再多又有什麼用？」

學務主任和生輔組長正好在這個時候到班上，主任看到這個情形，趕緊叫生輔組長把學長扶回去；接下來主任是怎麼處理就不知道了，只是兇手很快就被找到，而主任也狠狠地給了他們教訓，一切後話不提。

學長在九份的山上，趁著酒意說出了這麼一段往事，我們全部的人也都不知道該如何接口。雖然是夏夜，一道晚風吹來讓我們都打了一個冷顫，不知道是風冷，還是心冷？

故事背後

最近（2006年4月28日）看到一則新聞報導，一項針對台北市國小學童所做的研究調查發現，有二成六的小學生曾經有過輕生念頭，近五成的小學生對目前的生活感到壓力。細問壓力來源之後，發現第一名是課業壓力，第二名是父母期望，第三名是老師期望。

其實，總括來說，前三名的壓力講的根本就是相同的東西——「課業」。

家長都會有望子成龍的心態，從這個心態衍生出來的錯誤，實在是難以避免的事。但是老師們如果也拋棄教育專業，一起加入這個「殘害民族幼苗」的工作，實在是難辭其咎。為什麼眼睜睜地看著學生在眼前受苦，心裡卻仍然能夠不為所動呢？答案很簡單，因為「反正大家都這麼做」。這樣的心態正符合了本文所要討論的現象。

1964 年，美國發生一起殺人事件，有一個女生在社區的中庭被謀殺。儘管謀殺的過程很長（十八分鐘），這個女生的叫聲也很淒厲，該社區的住戶也大多有發現這一起謀殺案，但是居然沒有人出來幫忙，甚至，一直到這個女生死後（沒有慘叫聲了）十多分鐘的時間，才有人想到要報警。這個社會事件引發心理學家的注意，於是，達利（Darley）等人設計了以下的實驗。

實驗者規劃幾個密閉的空間，找來一群大學生來參與實驗，其中一個大學生其實是實驗者安排的臨時演員。他們各自在密閉的房間裡，藉由無線電的方式互相聊天，談一談他們彼此的大學生活，演員會在聊天的過程中，藉機說明他有癲癇的病史；之後不久，演員就會開始表演癲癇發作的情形（當然只能聽到聲音）。研究者想知道，在其他房間的大學生們聽到有異樣時，會不會出來救人呢？實驗操弄三種情況，第一種是只有一個大學生和演員對話；第二種情形是有兩個大學生和演員進行三方通話；第三種情形是有五名大學生和演員進行六方通話。

實驗結果是，在第一種情況下，大學生會很快跑出來幫助；在第二種情形，往往要到演員已經表演到沒有聲音（昏迷）了，才會有大學生出來看看；在第三種情形裡，即使已經聽不到掙扎的聲音了，仍然有七成的大學生躲在房間裡不出來。像這種因為有其他旁觀者的存在，反而使個人提供幫助的意願降低的現象，就稱為「旁觀者效應」。

分析旁觀者效應，其可能的原因如下：

1. 責任分散：有愈多人在場的時候，每個人會「感到」自己的責任愈小，覺得應該會有「別人」去救，所以自己就可以不用操心了。
2. 從眾行為：一群人一起的時候，個人會傾向於效法他人的行為。別人不動，我就不動。
3. 社會讚許：一般來說，我們會追求他人的讚許，逃避他人的取笑。但是現在的社會傾向於「在心底偷偷鼓掌，在口頭拼命取笑」，於是就形成多做多錯、少做少錯、不做不錯的現象。

以上述的故事為例，很明顯屬於旁觀者效應所造成的後果；學長會生氣、失望的反應是合理的，但是同學們冷漠的心態也是合理的（指的是人性如此，不是這種行為值得效法）。同學們在當時可能也是嚇傻了，沒有辦法適時地做出正確的反應；而事後，同學們只想快點忘掉這一件不愉快的事，因為他們其實是有良心的，他們會因為自己的冷漠而有罪惡感，然而不夠成熟的同學們，只會使用「否認」的策略來逃避罪惡感。

因為有旁觀者效應存在，我們不應該太期待人們在面對「他人的狀況」時，會表現出正常的反應，所以只好平時就不斷地做「危機處理」的演練，也就是說老師們平時就應該教導學生，看到有人被欺負了，應該怎麼辦？最好是能夠實際地演練一次（或多次），就算在演練的過程中，充滿了無厘頭的嬉鬧，它依然能夠在事情真正發生的時候，收到該有的成效。

有一個「海灘上的研究」也值得我們注意。實驗安排兩個人，A 單獨帶著一台隨身音響到海灘上聽音樂，然後中途離開；這時候 B 會鬼鬼祟祟地出現，打算把隨身音響帶走。實驗者觀察在身邊的其他海灘上的遊客，會不會出面制止呢？結果發現，若是 A 在離開前請某人幫忙看一下，那麼那個人有 95% 的可能會制止 B 把隨身音響帶走，但是如果沒有做這個動作，只有 20% 的人會出面制止。一個口頭上的要求，確實可以提供他人某種程度的責任感，進而負起責任。這也是為什麼在心肺復甦術裡，口訣所提到「叫叫 ABC」這五個步驟中，這兩個叫的意義（隨意指定身旁的路人，請他維護現場秩序，以及另外叫人通知救護車）。

不一定要班長才能在班上發生狀況的時候，對其他同學發號施令，決定誰去勸架？誰去向老師報告？但是如果沒有事先指定，又擔心會發生大家都在等著別人提供工作分派的指令。我以為老師應該就平時的觀察，不明顯地請幾位比較有正義感的同學來做這份工作；例如在演練時，「隨機」地找幾位自己心目中內定的人選來扮演發號施令者的角色，這樣可以強化他的責任感。

為什麼不要直接指派呢？我以為有一個觀念很重要：我們可以接受事情的處理沒做好，但是一定要確定幫老師做事的同學不會受到報復。當然，最好的情形是，經過我們良好的教育之後，每位同學都有「天下興亡，匹夫有責」、「校園事，全校同學所共管」的觀念，那麼也就不會有所謂「打小報告」的現象。但是實際上，嘿！嘿！我們也不要騙人了，我們的教育離上面的階段還很遠，這時候當然要想辦法保護那些願意和老師分享班上或校園裡發生的事情的同學。這件事說起來很不光彩，不過我們的校園就是這麼一回事，有些同學熱心地來和老師報告，結果回頭就被另一些同學圍毆。

在校園管理出現問題的學校，最常聽到老師在指責學生：「為什麼沒有即時通知老師？」彷彿某個同學受害是這個受害者本身，或是受害者身邊的人沒有即時通報的錯，這種說法也是一種推諉之詞。校園發生問題，一定是校園管理出了問題，同學不敢（不願）向師長反映問題，更是校園管理出現嚴重瑕疵所致。如果領導者不懂得做自身的反省，只會指責、批評下面的某某人沒有做好，問題只會愈益嚴重而已。

我很討厭使用「打小報告」這樣的說法，它本身給人一種負面的訊息，似乎打小報告的人就是道德上有缺陷的人。我比較希望同學們來向老師反映事情，並不是因為他跟那個人有什麼糾紛，希望藉由老師的手來教訓他，而是因為那個人的所做所為影響了班級的發展，為了能讓班級變得更好，所以才向老師報告；不是希望他受到懲罰，只是希望他能夠改過。既然改過才是主要目的，懲罰當然就不必太過嚴厲。

我時常和同學分享「生命共同體」的觀念，記取幾年前印尼暴動的教訓。如果每個人都只關心自己，或許自己的確是變好了，但是那些行為偏差的學生在校園到處作亂，自己又哪裡有地方可以安心學習呢？好吧！就算大家在學校裡的時間不長（三年），忍一忍就過去了，那麼一畢了業之後大家就沒有瓜葛了嗎？從此好學生們一路平步青雲地進到上流社會，真的就和這些壞同學不再有接觸了嗎？說不定哪天，有一個暴民跑到你家丟汽油彈，你與這個暴民打了一個照面之後發現，對方居然是國中時被分到後段班的同學，而對方也認出你居然就是當初看不起他的那些好學生之一以後，順手再補給你兩顆汽油彈。

希望大家能藉由知道旁觀者效應的存在，進而避免旁觀者效應的發生。畢竟，一個和諧的校園環境，應該是由全體成員共同合作的結果。

13. 消弱突現（extinction burst）

場景

王老師教了二十年的書，居然到了快退休了才遇到他教書生涯的最大瓶頸。自從教育部嚴令禁止體罰之後，他就好像是一個被要求禁止帶斧頭上山砍柴的樵夫，一個人待在森林裡，看著眼前一根根的巨木，卻不知該如何下手？

再把整個教學生涯重新回溯一遍吧！就以「上課講話」這件事來說，最早的時候，同學在上課的時候講話，經任課老師和他反映之後，王老師就會把這個同學抓過來痛罵一頓，然後拿教鞭狠狠地往屁股抽打一下，同學很快就會聽話了。後來，據說打人是不被容許的管教方式，於是王老師只能把講話的同學好好地「勸說」一番，但是一點效果都沒有，上課講話的同學依舊講話，就連小聲一點都沒有。想了想，覺得這不是辦法，還是繼續祭出教鞭好了，王老師又繼續打學生。可是說實在的，愈打愈心虛，三不五時在電視新聞上看到老師體罰學生的報導，雖然在報導中大多都沒有提到那個體罰學生的老師後來怎麼了，但是想到自己也有可能因為打學生而上新聞媒體，他那提起教鞭的手就不自覺地軟了下來。

好吧！只好請出學務處幫忙了。接下來，如果又有任課老師來反映同學上課講話的問題，王老師都把他送到學務處處理。然而，王老師所怕的事情也正是學務處的主任、組長們所擔心的事情；主任最常掛在嘴邊的一句話就是：「我們也是領薪水的，何必為了別人的小孩，和自己的錢過不去呢？」所以學務處處理這一類的事件大多是下課時間罰站。先不說這樣子說不定還是會被抗議，更重要的，學生還是不怕啊！被送去學務處處罰的學生，回到班上之後總是變得更加囂張，學生說：「去學務處也沒什麼，主任還不是對我客客氣氣地。」

自從學生去過學務處，而且發現學務處沒有想像中可怕之後，學生的行為開始變本加厲了；不僅上課的時候講話，老師叫他安靜還會頂撞老師，甚至連三字經都脫口而出。王老師再想了一想，這樣也仍然不是辦法，還是把學生收回來自己管好了。說是要自己管，可是到底該怎麼管還是沒有頭緒。對了！記警告好了，雖然大家都知道有校規這回事，不過好像沒有人把校規當一回事，反正現在已經是沒有辦法了，就算是把死馬當成活馬醫吧！實際做了之後，王老師發現：記警告的確是一個辦法，但是它仍然沒有辦法阻止同學們的違規行為，同學們一點都不覺得被記警告或記過有什麼大不了，頂多只是讓老師心裡有些許的安慰：「至少我有處罰了違規行為，對其他同學也算有交待了。」

有了這樣的心態之後，王老師在「依校規處理」這件事上也變得不是很積極，當學生違規的時候，有時候會依校規處理，有時候只是口頭訓誡，有時候更是灰心到乾脆睜一隻眼、閉一隻眼算了。在一次導師會報的時候，王老師終於忍不住把這個問題提出來，他說：「雖然學生違規之後，我都按照校規該記什麼就記什麼，而且也都有通知家長，但是不但學生不在乎，好像連家長也都無所謂，像這樣記過下去，到底會有什麼影響嗎？」主任回答：「王老師可以告訴學生，萬一一直被記過，到最後三年級畢業的時候，他就會因為操行分數不及格而拿不到畢業證書，學校只能夠發給結業證書。」王老師心想：「結業證書？可是那是學生畢業以後的事，懲罰要及時，現在才剛升上二年級而已，同學們哪裡會去思考兩年後的未來？」他私下把他的疑慮告訴主任：「結業證書是以後的事，但是有困擾的是現在，難道現在真的一點辦法都沒有嗎？」主任說：「如果以校規來說，最重的處罰大概就是讓學生帶回家，在家教育一個星期；雖然以前沒有試過，不過如果有同學這麼頑劣的話，倒也是可以試試看。」

於是，在一次上課期間，王老師班上的一位同學和任課老師發生衝突，是怎麼開始的不知道，但是最後學生氣沖沖地離開教室，而且一邊走還一邊罵三字經；附近三個班級的學生及老師都看到了這一幕戲，也發現這名學生就是大名頂頂的張信偉。這下子事情大條了，全校師生都在等著看這位同學會受到什麼處罰；主任也同意祭出最嚴厲的處分，於是勒令這名同學從明天開始，在家教育一週的時間。

這一週的時間可以稱得上是該班的蜜月期吧！少了這麼一個專職破壞的同學，這一週全班上課的秩序真的好多了（相對來說）。但是一週的時間畢竟不長，眼看著明天張信偉就要回來了，王老師的胃也開始不時地抽搐起來，他希望張信偉能夠從這一次的事件中得到教訓，但是他對於這個希望一點信心也沒有。明天到了，但是很幸運地（不幸？），張信偉並沒有出現，雖然心中竊喜，但是形式上還是要趕快和家長連繫，只是家長也找不到他的人。

第二天，這位同學終於到學校來了，原來是因為這位同學在家教育的這一週時間，幾乎都在外面過夜，山中無甲子，居然忘了一週的「處罰」時間已經過去，應該回到學校上課了。在回來的第一天，班上其他同學一有機會就問他這一週發生了什麼有趣的事情？看著他講得一副口沫橫飛的樣子，王老師在一旁搖頭地想：「看樣子，這樣的處罰方式又錯了，原本應該已經是一個最嚴厲的處罰了，沒想到非但沒有讓學生得到教訓，卻讓他像電影明星一樣地受到歡迎。唉！難道，教育就是這個樣子了嗎？」

故事背後

在正式分析上面的故事之前，我覺得有必要先談一談教師管教問題的發展經過。為什麼教師會從以前是快樂地到學校上班，而且下班後還可以讓父母為了自己的職業而驕傲，演變成現在是每一天到學校都要有「上戰場」的心理準備，下了班還要被批評為十八趴的既得利益者、寒暑假不做事只領錢的米蟲？我以為原因如下：

有一陣子整個社會輿論、媒體一片撻伐的聲浪，嚴格禁止教師體罰學生，造成學校內的老師心生惶恐，大家行之有年的管教方式，忽然之間成了謀殺民族幼苗的主要兇器；至於原本是人人尊敬的老師，好像也開始為人所不齒，「不思長進」、「沒有愛心」、「既得利益者」……，一大堆負面的批評蜂擁而至。老師忽然之間遭逢如此「重大變故」，在面對學生的違規行為時，反而變得有點手足無措。當此之際，或許有些老師能夠迅速地調整自己的心態，重新尋找一個可以得到大家認可的管教方式，重新尋找新世代教師在社會上的定位。然而，似乎多數的老師並不能走出這一片「不信任教師」的氣氛當中，結果變得有點消極：「好吧！你們要我不要打，那我就不要打好了，反正是你家的小孩，干我屁事。」於是，學生偏差行為的管教問題出現空窗期，沒人管了。

或許只是一個學期的時間，老師們發現，學生的違規行為絕對不是所謂的「干我屁事」，而是足以決定上班情緒、工作成就感的大事。這下子問題嚴重了，怎麼改變這個狀況呢？學校於是把校規搬出來：「亂丟垃圾記警告乙次，上課講話記警告乙次，上課聽MP3、打手機也是記警告乙次；考試作弊記小過乙次，頂撞師長記小過乙次，情節重大者記大過乙次……」然而，實際執行起來發現，學生好像不在乎被記警告或是小過、大過之類的處罰。

此處需要先跳開來談一下「處罰」。所謂的處罰，其實是一個心理歷程。我們可以到幼稚園裡看看，這些小朋友在玩的時候，互相推擠、碰撞，甚至跌倒在地，小孩子總是無所謂地站起來繼續玩；然而若是因為犯錯被父母、老師叫去訓話，就算只是輕輕地打一下屁股，孩子就忍不住要哭出來了。是因為痛嗎？不，是因為孩子知道他錯了，而且正在受處罰。如果孩子沒有這一層的認知，需要父母以「用力」的方式來讓孩子感到痛，就算孩子真的哭得很大聲，這也只是一個生理反應（痛--> 哭），孩子並不見得知道他錯在哪裡。像這種處罰就是沒有意義的處罰。

如果孩子已經知道錯了，還需要接受處罰嗎？我認為還是需要，特別是年紀愈小的孩子（國高中以下其實都還很孩子氣），愈需要線索來幫助他們記憶哪些行為是不適當的行為；也因為他們還不夠成熟，自律行為的機制尚未完全建立，只好依賴外在的獎懲來幫助他們。處罰不見得都是不好的，我們的立意並不是要「恨」他，也不是要他為自己的行為得到「報應」，而是希望當事人能夠藉由被處罰的過程，學到未來不會再犯相同的錯誤。基於此，處罰的形式真的不重要，重要的是要讓孩子認可這樣的處罰方式。

有些人認為既然孩子知道錯了，就不用再處罰了，我認為這種想法實在後患無窮。首先，它破壞了我們與孩子事先的約定（犯什麼錯，得到什麼處罰應該事先約定，法律、校規都算），這件事會讓我們的公信力打折扣，以後孩子也會對我們所說的話打折扣。其次，因為孩子的自律行為還不夠成熟，若是我們不能適時提供外在刺激，孩子將沒有辦法（或是需要較長時間）學到正確行為。最後，我們其實應該擔心，孩子會不會因為「認錯就可以不用受罰」這樣的心態，所以就假裝認錯；若果如此，孩子說謊的行為其實是大人造成的。

回歸主題，學校被強制要求禁止體罰之後，只好再把校規拿出來。但是如前所述，處罰是一個心理認同的歷程，雖然校規一直都在，但是因為一直都沒有得到足夠的重視，此時雖然迫不得已地再度把它搬出來，不僅學生不把它當一回事，連老師都懷疑它的功效。一開始就預期沒效，後來也就證實了它果然沒效了。

某種程度來說，我是贊成整個社會「大力」批判體罰這件事的，因為它終於讓我們這些教育工作者重新思考教育的本質是什麼。雖然在剛開始的時候，我也曾經非常不習慣社會如此「小題大作」，然而，若是進一步思考，又覺得除非是這樣全面性地批判，否則可能很難改正這種傳統吧！或許每一個方法都有它相對應的時空背景，「不打不成器」的觀念，在過去的時代可能是最好的方法，但是時代是會變的，我們怎麼可以預期過去用過的好方法，會是未來也可以適用的好方法呢？

我覺得現在還是有很多老師困在迷惘之中，一方面認為不可以體罰（並不是心理認同，只是擔心體罰後會為自己惹麻煩）；一方面又覺得記警告、記過等校規是沒有用的處罰；可是在這兩種矛盾之外，似乎又找不到第三種方法來規範學生的違規行為，所以日子只能過一天算一天，這也是我們的教育產生亂象的主因之一。說實在的，若是老師們只剩下「校規」這個工具可以用，為什麼要去懷疑、抱怨它呢？應該想辦法讓它變得有用才是。

讀者看到這裡，可能會很不以為然：「為什麼老師永遠都只是在想處罰的方法呢？」在此做個小小的補充說明：老師們面對學生的偏差行為時，一開始都很願意用溝通的方式讓孩子有改過的機會，但是輔導畢竟是一件耗時又專業的任務，不見得適用於每個老師以及學生的身上。在時間（老師的工作可不是只有學生偏差行為的輔導工作而已）與空間（老師面對的學生也不會只是一個而已）都不許可的考量下，退而求其次，只好建立一個大家可以接受，而且幾乎每個老師都可以使用的制度。懲罰當然不是最好的，在理想的教育底下，根本就不應該有任何懲罰的觀念；只是我們都活在現實，而現實生活中，懲罰恐怕是不能避免的手段。我不想鼓勵懲罰，只是在不能避免的情況下，希望把它的傷害降到最小，功效發揮到最大。

繞了這麼一大圈，應該開始來分析故事了。然而，本文有一件很棘手的問題要先做說明：行為主義裡的學習強調的是「增強」，不管是正增強或是負增強，都是希望透過我們的手段，讓個體的某種行為的發生頻率（或強度）增加；至於學校裡最常提到的卻是「懲罰」，也就是希望透過某些方法，讓個體的不良行為發生頻率（或強度）減少，這兩種的基本邏輯很不一樣。在此，只是借用行為主義裡類似的現象，來解釋使用懲罰時的現象，但是兩者是不相同的。

在古典制約的過程裡（以鈴聲搭配食物來讓狗流口水為例），若是經過一段時間都只有鈴聲沒有食物，狗就會知道這個鈴聲是騙人的，就不再流口水了，這個現象叫作「消弱」。在消弱階段的早期，制約反應的強度和頻率都會增加，這個現象被稱為「消弱突現」，我們可以把這個現象看成是一個暫時的過渡階段；若此時再持續消弱，反應就會完全消失。以小狗的例子來說，當狗已經學會鈴聲與食物的配對連結之後，牠已經預期聽到鈴聲就代表食物要出現了，所以會有流口水的生理反應。此時，在鈴聲之後忽然不給食物了，狗反而會更加拼命地流口水（或許牠以為口水流多一點，食物就會出現），這個階段就稱為「消弱突現」；然而，這隻狗很快就會發現，不管流再多口水也沒用，就慢慢地不願意流口水了，到這個時候才稱為「消弱」。

在實際使用懲罰的手段時，原本上課講話可能會被老師打手心，後來因為不能體罰了，所以改為記警告。但是記警告這個動作還沒有在學生的心裡形成懲罰的感覺，所以就好像是講話沒有受到懲罰一樣，於是講話的頻率及強度都會增加；但是這應該只是一個暫時現象，很快就會回到一個平衡狀態。我想用「髮禁」來做說明，或許比較容易理解。多年來，頭髮一直是同學們很壓抑的話題，後來，教育部明令廢止髮禁，於是全國的中學生頭髮上得到解放。此時，或許老師們可以觀察到，同學們花在頭髮的時間變多了，同學們的髮型也變得千奇百怪、五花八門；但是，一段時間之後，所有的搞怪花招又將恢復平靜。當然會比當初有校規要求時還要開放，但是通常也不會有大人們想像的嚴重。

頭髮的問題畢竟只是小事一樁，在一群人揭竿而起之後，順勢就達成某種程度的成功（有些學校可能還是會繼續要求），但是體罰的問題可就沒那麼容易了。再怎麼說，頭髮只是個人問題，不會影響太大，但是管教問題影響的層面就很廣了，同學的偏差行為不僅會干擾到教師的上課，破壞全班同學的學習經驗，甚至會影響到全校的風氣、風評。髮禁解除之後，不管頭髮變得長一些，或是怪一些都還可以接受，但是偏差行為就算不能制止，任何一項違規依然不能容忍。

倒不是老師們不願意放棄體罰，實在是找不到有什麼代替的方法可以用。在此，我要大力推薦「校規」這項制度（說實在的，也是因為老師們只剩下它可以用了）。但是老師們在轉換處罰方式的時候，因為還牽涉到學生心理的認同問題，所以還要記得「教」同學們這一套新的處罰方式，讓同學們知道雖然被記警告、記過不會「痛」，但是後果可能會比痛更糟糕。更重要的，老師們自己就要有信心，這是一個合法而且有效的懲罰方式。

剛開始要由體罰轉換成紙筆的違規紀錄時，同學們的違規行為可能會有變本加厲的現象，這是類似消弱突現的反應，千萬不要誤以為校規沒有遏止違規行為的作用，然後又回到體罰模式，或是「無奈」模式。如果因此而放棄，可能會引發另一件危機，更值得大家小心在意。

在教育心理學裡，有關懲罰的研究還有一個稱為「負效懲罰」（negative punishment）的現象。意思是當懲罰的動作在違規行為尚未停止之前，施罰者就先行停止，這樣的舉動會讓相同的違規行為在以後類似的情境中，發生頻率更高、強度更強。

舉一個簡單的例子來說，若是老師在上課時覺得同學很吵，於是就大聲地喊：「不要吵了！」但是同學們可能不是很配合，老師在奮鬥了一陣子之後，可能感到氣餒了，也可能因為上課的進度壓力，不容許老師再花時間在班級秩序的維持，或還有其他的原因。總之，這個老師在還沒有達到目的（安靜）之前就放棄要求了，他決定自顧自地上課就好，管他學生能不能吸收？像這樣子的現象就稱為「負效懲罰」。在這樣子的事件中，學生學到了以下的觀念：

「反正我講話也不會有事」、「只要我堅持，老師就會讓步」。最後，學生的講話現象會更難處理。我覺得老師在面對同學的違規行為時，想到的第一個念頭可能不應該是「怎麼辦」？而是「要不要辦」？因為如果要處理，就一定要看到結果，千萬不可以半途而廢。老師們要處理問題之前，要先考慮能不能處理？如何處理？否則做到一半才發現做不下去，只會讓事情變得更糟。

在一開始的故事之中，王老師最早選擇了「送學務處」這樣的處罰方式，但是學務處的處理方式似乎沒效（或是不滿意）；於是王老師放棄了，採用「記過」的方式，但是在還沒有看到成效之前，又再度放棄了，變得睜一隻眼、閉一隻眼、得過且過的消極態度。最後，學校祭出最重的處罰——「在家教育」，但是實施後也沒有認真地評估、檢討整個處罰方式的功效，又武斷地認為「完全沒有辦法了」，然後自己陷在痛苦的深淵之中。這一連串的過程其實都犯了「負效懲罰」的錯誤。

以最後「在家教育」的懲罰失敗這件事為例，王老師及學務主任的態度都說這是因為「家庭功能不彰」，所以在家教育才會變得沒有用，反而讓學生快樂地放了一個星期的假日，這種說法似是而非。要知道，任何一個「家庭功能正常」的家庭，應該都不會產出需要「在家教育」的學生，在家教育本來就不應該期望家庭功能的發揮；在家教育的意義其實是一種隔離政策。消極地說，它讓其他同學可以得到片刻的安寧；積極地說，它要藉著隔離同學於學校之外，讓他感到學校的重要性。

是的，同學「在家教育」的時間可能會到處閒逛，整天耗在網咖裡，但是大家或許可以考慮另一個角度：同學的心理地位。這位同學在校外的「地位」絕對不如在校內的時候。在校內的時候，他敢搞怪、作亂，吸引同學的注意，他是大哥級的人物。但是在校外呢？他所做的那些搞怪動作都沒有人關心，失去了觀眾之後，表演又有什麼意義呢？又，在校外他只能當外面大哥們的跑腿小弟，這又有什麼好驕傲的呢？

或許我們觀察到學生被罰了「在家教育」一週之後，回來好像更囂張了，而且談起那一週的假期更是眉飛色舞，結果就以為我們的處罰方式真的錯了。但是仔細想想，難道我們真的期待學生被罰了一週之後，回來會對師長懺悔，自陳他這一週過得如何辛苦，多麼希望能夠回來學校上課嗎？把學生送去學務處也是類似的現象，同學們都會說：「到學務處也沒怎麼樣？」然而，就算真的有怎麼樣，難道學生會老實說嗎？這種想法未免也太天真了些。再說，若是真的不怎麼樣，接下來也應該是和學務處研究，想辦法讓學務處「可以怎麼樣」，而不是產生不信任的感情，然後互相推諉。

談完了這一篇令人不愉快的文章，我一定要再次強調，我是非常反對體罰的，甚至我也不贊成任何形式的懲罰。然而，在現實的考量下，只好階段性地把懲罰當成手段，目的是要完全廢除懲罰。既然實施懲罰是這麼一件不愉快的事，我想，大家只好認真地來討論如何讓懲罰的措施變得有效率。本文提供「消弱突現」和「負效懲罰」兩個現象，希望師長們在實施懲罰的過程中，不會受到「消弱突現」的迷惑，不會陷入「負效懲罰」的困境當中。

14. 自我實現預言（self-fulfilling prophecy）

場景

那一年，我的班上有一個從台中來的轉學生，事後回想起來，還真該感謝當年的一些作業疏失，讓我有機會真正去認識一個轉學生。

轉學生的個子不高，皮膚黝黑，看起來就很強壯的樣子，班上同學很快就幫他取了一個「小黑」的綽號。剛開始，小黑很安靜，這一點也很正常，所有的轉學生都一樣，剛到一個新環境，總是需要一段適應時間。

可能是他的外型吧！每次看到安靜的小黑，就忍不住懷疑他似乎有一些心事，因為他實在是不像一個「內向」的同學。接下來，我試著找一些小事讓他做，意外地發現他的能力其實不錯，事情總是完成得迅速確實。幾天下來，同學們和他漸漸熟稔了起來，打球、聊天都會主動找他，只是他的話依然不多。我想要找他的 B 表（導師用以記錄學生生活常規表現的表格）來看看，才想到他的 B 表不在手邊，因為轉學時不知道出了什麼問題， B 表就沒有順利地和學生一起轉過來。

觀察了幾天，我愈來愈覺得小黑真的是有心事，只是我們才剛見面，不敢貿然地碰觸他的隱私；我猜想，若是他覺得我足夠被信任了，應該會願意對我說吧！剛好這幾天想更換班級幹部，我私下找他來會談，詢問他擔任班長的意願。小黑嚇了一跳，一直說他無法勝任，他以前從來也沒有當過班長……

我請他安心，順便也告訴他我對於「班級幹部」的看法。「班級幹部」當然是老師的小幫手，對老師來說，幹部們的能力愈強，老師也就相對地愈輕鬆；但是對同學們來說，「班級幹部」卻是一個訓練自己能不能有效領導別人的好機會。社會上只有兩種人，一種是被人領導的人，一種是領導別人的人。然而「領導」不是一項天賦，沒有人天生就是一個領導的人才，現在的領導強調的是「得到他人的認同」，而不是「用權力去逼迫他人」。原則上，我每個學期換一次幹部（最多兩學期），就是希望盡可能地讓同學們都能夠有機會去練習，至少去感受領導者可能面對的困境。沒當過班長沒關係，只要有意願，老師會從旁輔導……

小黑答應了，而且果然沒有讓我看走眼。這麼說吧！雖然我認為領導的能力不是與生俱來，但是有某些人好像天生就具有領袖的魅力，而小黑好像就有這種魅力。我在培養班級幹部的時候，並不會做示範給他們看，而是讓他們用自己的方法做事，等他們受到挫折之後，再來和他們討論他們做事的方法。

通常，有一些人會用自己的「身分」去要求其他同學（我認為這些同學大多是被大人教壞了），這一類的領導方式大概都不會有好下場，就算事情做完了，他的朋友也都得罪光了；另外有一些人是「埋頭苦幹」型，不管老師交代什麼事，他總是獨立完成，不知道是找不到人幫忙，還是不好意思找人幫忙？這一類的領導方式最後也總是不得善終，要不是自己累得要死，就是家長打電話來拜託「不要讓他的孩子當幹部」。

小黑就不一樣，他不會用「班長」這個角色去命令班上同學做事，也不會事事都攬在身上，他會找到適合的人來做事，然後又盡可能地幫助這個人完成工作。在老師面前，事情是那個人完成的，可是在同學的心目中，小黑的功勞卻是不可抹滅。老子曾經說到「道」的奧妙：「……生而不有，為而不恃，功成而弗居。夫惟弗居，是以不去。」沒想到，我居然在一個國中生的身上看到「道」。那個學期，我因為我的「慧眼」，輕鬆而愉快地過了一個學期。我愈來愈欣賞小黑，同學們也愈來愈喜歡小黑，到下學期的時候，小黑以高票獲得留任，想想也快畢業了，最後一個學期要忙升學的雜事不少，有小黑擔任班長，我也安心些，所以乾脆原班人馬全部留任。

然而，下學期開始才一個月，竟然發生打群架事件，而且還是由小黑帶頭。學務處處理完之後，照例我又私底下把所有人單獨叫來辦公室瞭解狀況。小黑是主角，我把他留在後面，至於其他同學的說法則大約一致：事情發生在籃球場，同學們在打籃球的時候，因為推擠，不小心撞到一旁十三班的江大偉，江大偉因而跌了一跤，窘態百出，周遭同學立刻一陣哄笑；江大偉氣不過，要班上同學跪下來道歉，同學不肯，江大偉立刻就找人圍了上來。小黑當時在隔壁球場，一看情勢不對，立刻跳出來保護自己班上同學。幾句「怎樣！」「又怎樣！」之後，江大偉作勢出手，但是小黑反應快，眼看江大偉即將出手，右手立刻握拳出招，後發先至，江大偉的拳頭還沒到，左頰已然中招，整個人向後跌開數步之遙。江大偉的朋友們一擁而上，卻沒料到小黑真是深藏不露，在左閃右避的情況下，仍然能插空隙出拳……

同學們各個講得眉飛色舞，渾然不知他們很可能因為這一次事件被記上一支小過。不過說實話，身為導師，就好像是他們的家長一般，聽到孩子在外和人打架，心情總是緊張，聽到打架打贏了，心裡好像有那麼一點……欣慰？（這種心態好像不太好）總之，我大概對整個事件有了輪廓；特別是學務處強調，小黑在事件發生之後，立刻帶著班上同學到學務處自首。接著我找小黑，請他在我旁邊的座位坐下。他不言，我不語，彼此沉默一段時間之後，我開口問他事情的經過，小黑只是簡單地說：「老師，對不起！打人就是不對，我願意接受處罰。」

後來我和學務處協調，所有參與群架的人全部在放學後留下來做勞動服務；事畢，我也沒再找小黑談過這一次的事件。

終於，驪歌響起，畢業典禮過後的隔天，我一早到校就看到桌上躺著一封信，小黑趁著一大早就從辦公室的門縫裡把信塞進來。展開信件，我禁不住紅了眼眶。

老師：

謝謝你一直這麼照顧我。剛轉學過來的時候，我一直在擔心你什麼時候會知道我的底細，也不知道當你知道我的底細之後會怎麼看我？沒想到，你竟然一直都沒有找我談我的過去，甚至還給我機會擔任班長的工作。當時我很害怕，還以爲老師是故意要陷害我，可是慢慢地，我覺得老師是眞的關心我，同學們也沒有人把我當成不良少年，和我保持距離。我知道，這都是老師刻意幫我隱瞞的結果。

從小，就沒有人眞的關心過我。我的爸媽在我國小四年級的時候就離婚了，雖然我和爸爸一起住，但是爸爸整天只有工作，學校的老師也只會逼我讀書；國一的時候，我在網咖認識了一些人，開始和他們玩在一起。剛開始，我爸爸什麼都不知道，直到我在夜市賣盜版光碟而被警察帶走的時候，在警局裡，我看到我爸爸那種鄙視的眼神，我心想：「就給他爛吧！反正我只不過是一個爛人！」接下來，我參加幫派，參加過幾場火拼，然後又被警察以違反「槍械彈藥管制條例」起訴。我在看守所裡待了兩個月，忽然覺得這一切都變得好沒有意義，我根本就覺得自己沒有存在的必要。

看守所出來，我爸爸幫我轉學，我無所謂，心想：「轉就轉吧！反正我到哪裡還不是都一樣！」沒想到，我竟然有幸能夠遇到你。三月底的那一次打架，我知道我一定傷了老師的心，但是老師不但沒有責罵，反而又再繼續給我機會。老師，我不知道該怎麼表達我的感謝，但是我知道老師給了我一個新的生命，我一定會好好把握這一次的機會。

小黑

讀罷，我才想到我還真的沒有翻開小黑的 B 表看過。記得他的 B 表一直到下學期開學的時候才送過來，只記得很有「分量」，但是當時小黑的表現那麼好，也就不急著翻開來看看。從檔案夾裡抽出來，才發現小黑真的有很豐富的歷史。納悶著，若是當時 B 表和小黑一起過來，在看完 B 表的敘述之後，我對小黑的態度會不會有所轉變呢？

故事背後

個人對他人（或自己）所形成的想法，會影響他人（或自己）的行為，最後導致他人（或自己）的表現，符合一開始預期的態度及行為，就好像印證了他人（或自己）的預言一般；這樣的現象就稱為自我實現預言。

羅森索（Rosenthal）和伽布森（Jacobson）曾經做過以下的實驗。他找來數十位在智力測驗的表現上屬於中等的小學生，隨機地分成兩組，然後對小學老師謊稱（實驗操弄）：第一組的同學在智力測驗上是屬於資優生的一群；而第二組的學生則沒有什麼特殊之處。在一個學期的教學之後，再度把這一群小學生找回來重新做智力測驗；兩組同學的智力測驗表現都進步了，但是第一組的同學有更明顯地進步。實驗者把這個現象稱為「自我實現預言」，因為原本智力表現相當的一群人，卻因為老師對他們的期待不同，而有不同的成長速度。

其實在日常生活中，自我實現預言的現象比比皆是，但是很奇怪，儘管我們會希望在我們身邊的人都是好人，卻總是不經意地做一些負面的預期。不管是正面或是負面的預期，都會發生自我實現預言的效應；只是當對方順著我們的預期而表現出負面行為的時候，我們總是一邊說：「看吧！我早就說他不是個好東西。」一邊卻又感嘆：「唉！怎麼都遇不到好人呢？」

比方說家長在看老師；學校的老師要面對一大堆的學生，許多事情幾乎都要考慮很多個向度之後，才能做出一個折衷的決定。所謂折衷的意思，就是雖然可以照顧到多數人的利益，但是難免會忽略掉少數人的利益。對於這些少數同學的家長，家長未必能夠感受到老師所面對的壓力，往往直接認為老師是懶惰、權威（不講理）、能力不足；這樣的期待在老師身上發酵，於是老師就會表現得愈懶惰、愈權威、愈笨。

老師看家長也一樣。常常聽到老師們彼此在聊天：「我們班那些家長都沒用啦！孩子都快被退學了，他們還不是一副無所謂的樣子。」要不然就是：「我真的快受不了我們班上的家長了，好像孩子是我的一樣，他們都不用努力嗎？」……對老師來說，「家長是不是關心小孩」這件事恐怕不是那麼重要，重要的是：如果我們期待家長會更好，他們才會有機會更好；如果已經不斷地告訴自己，認為家長是無法溝通的，那麼就真的會無法溝通了。老師們常常以為家長「應該」要做到哪些事，可是事實上，大多數的家長都是第一次面對孩子各個階段的發展，不像老師不斷地在國中一年級到三年級之間磨練，終於有機會能對學生的所有狀況駕輕就熟（也因此，家長更應該相信老師的專業）。

這個現象同樣發生在主任對老師們的看法。如果主任們已經認定老師就是無法配合行政、不理會行政工作的辛苦，只願意打混摸魚地上下班，只知道追求個人安逸的生活，根本不懂學校經營的痛苦，所以就用行政命令的方式，強迫老師做這個做那個的，結果也只會讓老師們消極以對，讓主任必須想出更多的規範，來逼迫老師不得不「積極」表現，結果是雙方都很累，大家都想提前退休。我也想要順便提出許多人對「法」的迷思：以為不管出現了什麼問題，只要制定一個「法」來規範這個行為，就可以解決問題了。事實上，一個完全沒有漏洞的法令，只存在於理想的狀況之中；如果不在動機以及道德上下工夫，不斷地修定法令，只是刺激不法之徒做更智慧的犯法行為罷了，洞往往是愈補愈大。

學生對老師也會有這個現象嗎？有的。有些學生可能以前受過老師的欺負，或是聽過許多同學被老師欺負的例子（欺負的定義包含了「不瞭解學生的心」、「無條件地要求學生接受老師的價值觀」等），所以就認為老師一定會欺負學生；就算換了班級，換了老師，心裡面還是會對老師懷有敵意，對老師盡可能地不配合。老師剛開始還可以本著專業的熱情來照顧學生，但是一段時間之後，發現自己的熱情根本無法融化學生的冷漠，乾脆就來滿足學生的期待，表現出學生討厭的樣子（反正學生也不相信他會是好老師）。好了，老師果然成了壞老師，照學生的說法是：「終於露出本性了。」不過發生這樣的結局，一點都不快樂。

最後，當然不得不再提一下這個現象發生在老師對學生的時候。我的運氣很好，因為轉學作業的疏失，沒有在第一時間拿到小黑的 B 表。然而我不禁納悶，會不會有很多的老師會在第一時間打開B表來瞭解這個學生過去的背景（就像我原本打算做的那樣），然後腦中產生先入為主的觀念。說實話，除了少數是因為家長的工作因素而轉學，大多數的轉學生通常是因為在之前的學校有行為適應的問題，造成他不得不轉學來重新開始；可是這些在B表上負面的紀錄，是不是會讓老師對學生做出負面預期，反而成了學生不能重頭開始的阻力？

有時候，我真的覺得我們應該檢討B表的制度，重新省思B表的精神。當然，它可以是保護老師的一個方法，不管學生發生什麼事，只要老師都能夠如實地記錄下來，似乎就沒有這位老師的責任了。基於這樣的邏輯，B表內容所記錄的，往往都是某位同學負面的訊息；因為表現好的同學並沒有讓老師有「有麻煩」的危險，所以不需要浪費力氣去記載。其實，國中生階段，身心都在快速地發展，過去犯的錯真的不代表什麼，太過在意，反而會成為阻礙進步的包袱。

這個理論在教育上的最大寓意是：學校或家長的許多教育的措施，其方向都錯了。以複習這件事來說吧！升上國中三年級之後，大家都知道等在他們前面的是五月底的基本學力測驗，所以很多學校都會要求三年級的任課老師能夠加速上課的進度。上學期最好能在十二月底完成，剩下一個月的時間做複習；下學期則希望在四月底以前完成，再利用五月做最後的總複習。幫學生複習並沒有什麼不好，但是我覺得這整個行程的安排，其實都是植基於一個根本邏輯：「我們的學生並不會主動複習，所以才需要老師們幫他們把所有事情安排好。」很多事情都一樣，如果我們一開始的出發點就認為學生不會主動讀書，當學生感受到他人的期望之後，也就會漸漸表現出被動的讀書習慣；於是我們只好不斷地、威脅利誘地用盡各種手段來讓學生願意讀書。很奇怪！為什麼不要假設他們會主動讀書，讓他們自行發掘讀書的意義以及快樂之處呢？

我覺得人性是懶惰的，或許也是因為大家都隱約知道這個現象，所以我們才會很自然地對別人做出「懶惰」的判斷，進而對別人做出負面預期。可是如果願意從另一個角度來看待「人是懶惰的」這個現象，我們就會知道，要鼓勵他人積極表現，一定需要額外的助力，所以我們更應該提供正面預期：因為我們有信心某某人會變得更好，這個某某人得到這個信心之後，才會更有信心表現得更好。這不是兩全其美的結果嗎？

我一直沒有提到自我實現預言裡「自我」的部分，但是別忘了，它當然可以用在自己的身上。所以如果我們一直沒有遇到身邊的人對自己有正面的預期，沒關係，一定要告訴自己那是別人不懂得欣賞的緣故。每天起床，要上課、上班之前，千萬不要忘了站在鏡子前面，然後對自己大聲地說：「你是最棒的！」相信我，這個咒語會讓你愈來愈棒。

決定

15. 正義世界假說（a just world）

場景

某學校發生一件很令人遺憾的事。在下學期剛開學的時候，該校與全縣的國民中學一起參加一個「基本學力模擬考」，考試結果出爐，該校的成績簡直可以用「慘不忍睹」四個字來形容，不僅遠遜於和該校同規模的其他學校，甚至連班級數不到該校一半的鄰近學校，成績還表現得更好（總人數雖然只有一半，預估考上第一志願的學生人數卻多了一倍）。校長與教務主任密商多日研討對策，然後召集全校任教三年級的老師們共同開會；痛定思痛的結果是：學校應該開辦夜讀，趁著距離真正的學測還有三個月，密集地加強學生考試的訓練。

其實夜讀的構想早就有了，教務主任曾多次和三年級的導師們協商，希望從學測開始前的兩個月進行夜讀；學校開放圖書館，從晚上六點到九點，只要有意願留在學校讀書的同學都可以留下來。學生部分當然不會有問題，只是有學生在的地方就應該要有老師，那麼陪讀的老師呢？主任的想法是希望三年級的導師們辛苦一點，畢竟這些準備應考的學生都是他們的學生。只是每一次的協商都破裂，導師們一致認為夜讀未必能收到實質的成效，倒是直接加重了導師們的工作負擔，而且這背後還會衍生出許多其他問題，例如同學出缺席的掌控、夜讀秩序的維護、陪讀老師人身安全的照顧以及鐘點費的計算等等。

話說那一天召開了「拯救學測成績大作戰」的會議，與會人員是全校的行政人員，以及三年級導師加上有任教三年級課程的老師。在一片沉寂的氣氛中，校長直接下令：從下週一開始實施夜讀，由十位三年級導師輪值。至於鐘點費？學校正處於家長信任度低落的情況下，若是能免費讓學生到校吹冷氣準備功課，一定能重新贏回家長對學校的信任。此外，既然模擬考的成績這麼差，怎麼好意思對家長收費呢？所以導師們被要求義務到校幫忙，彷彿是為了「成績差」這件事而贖罪。在會議進行的過程中，所有三年級的導師及任課老師們一直低頭不語，雖然他們心中或許有其他的想法，但是誰也不願意在這個時候抬起頭講話。校長愈講愈激動，老師們的頭也就愈埋愈低；一直到校長最後宣布這個石破天驚的決定時，老師們的頭就好像觸電一般，在同一時間都抬了起來。每個人的表情神色各異，但是大體上可以分為兩種：任課老師在想：「還好，沒有我的事。」導師在想：「太過分了，怎麼可以就這樣暴力地決定我的下班時間。」想歸想，在腦電波還沒有能直接化為語言的現代，再怎麼用力地想，其實與「沉默」一詞同義。

實施夜讀的事在隔天發酵了嗎？它在老師之間散播埋怨了嗎？很奇怪，並沒有。當天參與開會的老師們表現得異常冷靜，彷彿這只是做了一場惡夢，夢醒之後就會沒事。但是他們很快發現這不是夢，於是兩、三天後，埋怨、憤怒、委屈的聲音開始擴散開來；這其中有很高比例要歸因於二年級導師，他們似乎表現得比三年級的導師更為激動，因為他們知道，如果現在不做點什麼，明年遭殃的就會是他們。

故事進入最值得分析的一段：不久後發現，全校老師對夜讀事件的態度如下：最激動的是二年級導師；最無奈的是三年級導師；而一年級導師或是專任教師們則是一副事不關己的模樣。有些人根本不知道這回事，有些人雖然知道，但是卻把它當成是報紙上的新聞事件一般，反正「離我很遠」。應該再回到校長的談話內容：校長在宣布的時候，其實已經強調了一件事：夜讀會成為一個慣例，以後三年級的導師都必須在下學期的時候，輪值擔任陪讀的工作。基於全校所有的老師都有機會輪到導師工作，所以這一項陪讀的計畫所影響的層面，絕對不是只有那麼一群少數的三年級導師，它會影響到全校的多數老師。但是，為什麼反應如此不一呢？

在還沒有進入真正分析之前，再談一下後續的小插曲好了。面對這種狀況，二年級導師決定發動連署，想要以多數老師的意願來推翻校長的決定。連署活動沸沸揚揚地進行，拜票的、拉票的把學校的氣氛炒得一陣火熱；三年級導師雖然樂觀其成，卻似乎不是很積極地參與；校長、主任們很緊張，卻也只能靜觀其變。然而，連署終究是失敗了，有人檢討失敗的原因在於其中一條的內容：「基於夜讀是全校的事務，建議陪讀的老師應該由全校老師共同參與輪值。」據說，多數老師認為二年級導師「很過分」，居然想要把全校老師拖下水。他們似乎認為兩年或是三年後的災難是一回事（他們那時才會面對夜讀），若是想要把它提到現在來討論，就是一種罪惡。

故事背後

大多數受到委屈的人都會有一種感覺：明明我遭受的是一個不合法、不合理的對待，為什麼身邊沒有人願意站出來幫我呢？不過說實話，當面對他人的不幸時，這個人也未必會願意伸出援手；這就造成了一個惡性循環，讓我們的社會變成一個冷漠的社會。針對這個現象，仁納（Lerner）曾經在 1965 年提出一個觀念：一般人會相信這個世界是一個「正義的世界」，而且善有善報、惡有惡報；所以當發生不幸的事件時，受害者往往被歸咎於個人的道德因素，而非歸因於其他如運氣、命運或是情境等明顯的因素。這樣的觀念根深柢固地潛藏在我們的潛意識中；有時候。甚至連受害者本人，也可能因此而自責。

在進行上述故事的分析之前，或許先看一件比較小的事件，可以幫助我們瞭解「正義世界假說」。分組，是一個很常用在教學現場上的技巧，特別是學校舉辦童軍露營的時候，分組更是不可避免的實施方式。但是，該如何實施分組呢？我以童軍露營來舉例，因為它是一個比較特殊的現象，學生是繳錢來參加露營活動的，當然必須顧及學生個人的意願，不能任由老師用比較公平的方法來實施分組。

分組最簡單的方法是：「讓同學自己分。」那麼，彼此比較要好的一群人很自然地會變成一組，最後那些人際關係較差的同學也就只好被歸納為一組了。如果分組的目的是為了競賽，這種分組方式當然非常不公平，但是如果只是要活動，勉勉強強也就算了。有一年的露營，我的班上有一個人際關係很差的學生，沒有人願意和他分在同一組，就算是那些分剩下而集合成一組的同學，一聽說要和他同一組，大家都紛紛來向我抗議，有些還威脅我說要退出露營的活動（不要繳錢了）。有趣的是，連這位人際關係不好的同學也有意見，他不願意和這些「沒人緣」的同學在同一組。迫於無奈，我把這個問題向主任反映，主任第一時間的回答是：「你叫他來找我好了，他自己人緣不好，被分到那樣的組別還有什麼好抱怨的？要不然，乾脆就叫他不要去好了。」說實在的，整件事還有許多背後原因，也應該有其他的解決方法，但是主任卻把問題直接歸咎於當事人本身，這就是典型的「正義世界假說」。

再回到一開始的故事，校長其實無權要求學校裡的任何一個老師留下來看學生的夜讀（就算有支付鐘點費也一樣）；先跳開一般老師以龜縮的心態來看待這個「未來也是自己問題」的問題，他們如何看待眼前正遭遇不幸事件的三年級導師們呢？倒楣？是的，他們大多認為三年級導師倒楣；但是為什麼倒楣呢？因為學生表現不好。是的，但是學生為什麼表現不好呢？賓果！三年級導師的確有責任，因為他們沒有好好地照顧他們的學生，所以他們現在遭遇這種不幸事件，其實是「罪有應得」。這也就難怪了學校裡其他的老師態度如此冷漠。

然而事實真是如此嗎？學生的成績不好其實有多種原因。可能是學生自己不認真；可能是家長不配合；可能是社區環境的影響；也可能是學校分班造成的結果；更可能是對分數過分重視造成的反效果……總而言之，導致學生成績變差的因素實在是太多了，為什麼要歸咎於三年級導師們帶班不力呢？這是一個典型的「倒因為果」的錯誤推論。因為他們正在遭遇不幸事件，基於惡有惡報的原則，三年級導師們一定是做了一些的確會遭到惡報的惡因，所以一般人會認為他們的錯多過於其他可能的原因。當然，這種說法如果仔細分析是很禁不起考驗的；只可惜，人們在面對問題時，並不習慣用「仔細分析」的方法來分析，大家只希望找到一個能夠證明和自己「不相干」的答案。

這種說法也可以解釋二年級導師發起的連署為什麼會失敗？因為有錯的只有三年級導師那一小群人，憑什麼要全校老師共同負責呢？所以要學校老師去輪值陪讀的工作，根本就是一件「不公平」的事。夜讀實施一個星期後，整個事件大概已經被認定翻案無望了，如果再去訪問三年級導師們的想法，您可能會聽到下面的說法：「是啊！學生的成績不好的確是我們的錯，雖然我還是不太甘願晚上來陪讀，但是既然錯了，接受處罰也是理所當然，也只能認了。」

我要小小地佩服一下校長的做法，他想要實施夜讀，但是僅只是把犧牲者鎖定在三年級導師這一個小小的族群裡；不僅可以免除遭到全校老師的反彈，甚至巧妙地運用了人性的自私，不但使得反彈的聲音在還沒發出來前就已經被壓下去了，而且還是由「自己人」把它否決掉。

不管是不是佛教徒，一般人對於「因」與「果」的關係總是深信不疑。有因，當然會有果；有果，也的確都會有因。但是比較大的問題是，造成某一個特定結果的原因可能有許多，一般人卻沒有辦法好好地分析並找出所有的原因，甚至最主要的原因也不見得找得到。於是，因為人性的懶散，人們會隨便找一個原因，然後就認定這個原因是唯一或是最主要的原因。為什麼隨便找的這個原因總是會和當事人的道德有關呢？大概是因為「因果關係」的理論總是和宗教連在一起，而宗教通常也會是和道德相關。

同學們在看待自己的時候，其實也會有類似的現象。以我聽過的某校為例，該校每個年級都有兩個班的資優班，先把成績優秀的同學挑出來之後，剩下的才平均分到九個班裡。這當然是變相的能力分班，但是有什麼辦法？它是合法的錯誤。在學校剛開始想到用資優班的方式來進行分班的那一年，分班的動作當然會做得很倉促，讓同學們感到憤怒，因為他們在「正常班級」上課的權利被剝奪了，也因為他們像「貨物」一般被分類了。可是同學們只會在分班後的前幾週才會記得要生氣，經過一段時間之後，他們會相信他們是罪有應得，因為他們讀書不認真，所以學校才會用分班的方式把他們這些不認真讀書的人圈起來，讓他們自生自滅。是的，他們不認真讀書的確不應該，但是他們仍然有權利在一個正常而且快樂的環境中求學，怎麼會因為不認真讀書，就應該受到被鄙視的命運呢？

面對他人的不幸，我們之所以解釋為「當事人的道德缺陷」，似乎也不只是因為人性的懶惰。我覺得還有一個最主要的原因是來自人性的自私。如果我們告訴自己：眼前這個人的不幸是因為受到委屈，是來自外在的壓迫，那麼我們天生的道德感就會要求我們應該要做一些什麼來幫助他。這時候心裡會有兩股力量的掙扎：第一，幫他，讓自己可以坦然地面對自己的良心；第二，不幫他，因為很麻煩，還可能為自己製造麻煩。這兩股力量交雜的結果，於是我們做出一個結論：這個人本身就有問題，所以他所面對的問題是他自找的；既然是他自找的，我當然就沒有必要去淌這趟混水。做出這種結論的人以為可以用這種說法來欺騙自己，讓自己免於接受良心的譴責，不過，對正常人來說不太有用（正常人指的是「做事自私，但是會為了自私而內疚」；不正常的人指的是「做事自私，而且為了他的自私而驕傲」）。

我們常會有一個刻板印象：「民不可以與官鬥；『下』不可以與『上』爭。」在這種邏輯下，我們不敢為他人伸張正義、不敢為自己爭取權益。所以學生不會去指責學校的分班損害了他的權益（反正說了也沒用）；一般老師不敢和受害老師站在同一陣線（反正於事無補，還可能賠上自己的處境）。因為自私，這個正義世界假說，反而讓我們的世界變成了不正義的世界。

我在我的第一本書《逃學老師》裡介紹了一則我的朋友被陷害的故事。當時讓他最感到灰心的是同事們的冷淡，這是他的同事們在經過內心的一番「深思熟慮」之後所做出來的決定。然而這不代表他的同事們不會受到良心的譴責。我的朋友告訴我他有一次在逛街的時候，遇到了他以前的某個同事，我的朋友並沒有發現他，但是他卻很主動地靠過來對我的朋友表示歉意：為了他當時沒有能及時伸出援手而致歉。過了這麼久才致歉（兩年多），可見當時的那一件事對很多人都造成了影響。

面對卡債族，我們說他們是罪有應得，誰叫他們愛亂花錢；面對失業人口，我們說他們活該，誰叫他們過去不認真工作，或是學生時代不認真讀書；有女孩子逛街被強暴了，我們說這是因為她的穿著太過暴露；有同學被打了，我們說這是因為他自己交友複雜，夜路走多了總會見到鬼；有老師和學生起衝突，進而演變成家長要告老師的事件，我們說這是因為這個老師平常沒有做好親師溝通的工作；有老師因為理念不合遭到行政迫害，我們說這是因為這個老師本身就是壞老師，活該被校長盯上……。然而，這樣子的推論當真是正確的嗎？有太多的例子充斥在我們的周遭，告訴我們很多人正在使用正義世界假說來解釋身邊發生的事情。

本文不是要讓各位讀者更安心地使用這個假說，而是要說明這是個我們常犯的錯，建議各位讀者不要再繼續犯相同的錯。

我們怎麼對人，也將決定別人怎麼對我們。

16. 自我評價維護理論

（self-evaluation maintenance theory, SEM）

場景

七月十六日，王雪芬老師參加一個家族治療的研習。各式各樣的研習，應該是老師們暑假期間的主要作業吧！教了一年的書，成天在煩惱各式各樣的問題，總是讓人有被掏空的感覺，要是不利用暑假期間充電一下，總覺得自己像個洩了氣的皮球。在各種研習之中，王雪芬最喜歡參加輔導類型的研習，因為每次都能讓自己更加瞭解自己。上午講師做了初步說明之後，請學員們在中午吃飯時間進行分組，以利往後三天研習課程的進行。這可是一項不知該如何進行的活動，因為來參加研習的老師們來自全縣的各個國中小學，而且最近這種輔導研習非常熱門，所以各校大概都只能派一名代表參加，也就是，參加的學員們幾乎沒有任兩個人互相認識。

不過這也不是太困難的任務。中午，大家領完便當回到座位上用餐的時候，坐在附近的人就開始聊了起來。中國人的聊天比較奇怪，總是要先做自我介紹，才能開始進一步交談，好像一定要先瞭解對方的背景資料，談起天來才能有安心的感覺。其中一個學員聽到王雪芬來自達禮國中，興奮地說：「達禮國中？那麼有一個游信銘老師是不是在你們學校啊？之前游老師到過我的學校演講『如何化解師生衝突』，我覺得他講得真好，他在你們學校一定很有人氣吧？」

王雪芬發現她的同事居然這麼受到歡迎，好像有點沾光似地回答：「是啊！他在學校表現真的很有一套，而且我告訴你哦！我和他還在同一個辦公室裡呢！大家都知道現在國中生這麼難帶，我們辦公室裡，幾乎每個導師每天都要為了處理學生的問題而傷透腦筋，只有他不一樣，看他每天都輕輕鬆鬆地上下班，真是羨慕死我們了。」那個學員聽完後問道：「那你們沒有向他請教嗎？上次他來我的學校演講，教給我們一些小技巧，我覺得非常實用呢！像你們這樣可以就近請教，應該受益匪淺吧！」王雪芬聽完後心裡跳了一下，說：「呃……有啦！只是可能我們比較笨吧！做起來就是沒有他那麼有效果。」

王雪芬說了謊。雖然她知道游老師班級經營的能力很強，也聽說他曾經到別的學校進行演講，但是很奇怪，校內自己辦的研習反而沒有找過他來演講，同事們似乎也沒有人想要和他對班級經營的問題做深入的討論。仔細想想，是因為游老師很驕傲嗎？不會啊！是因為游老師很冷漠嗎？好像也不會。認真想起來，還真是不清楚為什麼不會想和他討論。

四天的研習結束了，最令王雪芬印象深刻的是講師帶的一個「悲傷治療」。她讓每一組的學員都在白紙上畫下一個代表自己的娃娃，然後在這個娃娃的身上標示出曾經在生理或心理上受過的傷痛；畫好之後，先和自己的組員互相分享所畫的娃娃的故事，然後各組再推派一名代表來和大家共同分享故事。講師說大多數的人都不願意分享自己的事，藉由畫娃娃的動作，大家可以為自己創造一個分身；雖然說娃娃的故事就等於是在說自己的故事，但是大家仍然會比較願意說出口，彷彿可以躲在娃娃的背後不必直接面對這一切。

在各組學員分別進行討論的時間，大家忽然聽到有一組傳來嚎啕大哭的聲音，各組當然都停止各自的分享，轉頭過去看看發生了什麼事？只見一個學員正在和她的組員分享「她的娃娃」的故事，結果情緒一時難以控制。講師關心地問她是不是還要繼續？怕她會負荷不了，但是她卻堅持想要把這些事情講出來。以下就是該名學員分享的故事：

在大學的時候，因爲好不容易從多年的升學壓力中解放出來，我參加了好多的社團活動，忙到雖然回家只要一個小時的車程，卻是一年難得回家幾次。有一天，阿姨打電話給我，一開口就是先請我不要難過，然後想辦法趕到醫院一趟。我糊里糊塗地問爲什麼，阿姨才說是因爲爸爸出了車禍，恐怕是沒有辦法急救了。那時沒什麼感覺，只是急忙忙地走到校門口攔了一輛計程車，卻在司機問要去哪裡，而自己才說出「長庚醫院」四個字的時候，忍不住一路從台北哭到醫院。

在計程車裡，我一邊哭一邊告訴自己這不是眞的，昨天才在電話中和爸爸爲了功課重要還是社團重要的問題吵了一架，沒想到今天就要趕去見最後一面了，再怎麼說，我也不願意相信這個事實。司機一路狂飆將我送到醫院，還好心地表示不用收費，叫我趕快趕上去病房。但是還是來不及，我沒有趕上見到爸爸的最後一面。強忍哀傷，我全程參與整個喪禮的過程，覺得這一切都好像是在看電影一般地不眞實。還好中國人對喪禮的儀式一向異常繁複，事情多到讓自己沒有時間難過，等到一切都忙完了之後，我告訴自己這一切都只是一場夢，只要夢醒了，爸爸就會再度出現在我的面前。

就這樣過了好幾年的時間，我一直避免碰觸父親過世的事，告訴自己爸爸還在，我只是每次回家都「不巧」沒有遇到他。然而，剛剛和同組的學員分享「娃娃」的故事，我才終於醒了過來，認知到這一切都無法再挽回了。

在場的所有學員聽著她的故事，幾乎沒有人不掉眼淚的。

講師說這就是「悲傷治療」的意義，藉由對自己心裡傷痛的宣洩，讓當事人能夠真正地走出傷痛。等到心情稍微平復之後，王雪芬意識到：「原來人們對自己的內心也會不老實，面對不想面對的事實時，自然而然地就躲了起來。」腦中忽然電光一閃：「難道我對游信銘老師的態度也是一樣嗎？因為我不想承認他的成就，就裝作不知道他有這方面傑出的表現？但是我又為什麼不想承認他的成就呢？」

故事背後

我們都是如何看待他人的成就呢？或許有不少人曾有過一種很悶的感覺：明明自己做了一件不錯的事，但是別人卻硬是不把它當作一回事，搞得自己那種「做了很棒的事」的成就感莫可奈何地消失，也讓自己灰心地不想再費力去做什麼很棒的事。一般人可能會認為這種觀念只是冷漠，事實上，在冷漠的背後，可能還有其他「積極」的動機存在。

從心理學的觀點來看，多數人在看著他人的成就時，心裡想的卻是：「這分成就會不會威脅到我的存在。」如果這個「他人」是個名人、陌生人、職位比較高的人、學歷比較高的人，他的成就好像比較不具有威脅性，至少是好像比較合理，或是和自己不會有太大的關係。但是如果這個人只是身邊的一個很普通的人，或是有點熟的朋友，甚至是自己的下屬，那麼我們難免要自問：「他做得到，我做得到嗎？若是做不到，我豈不是比他還遜？我又怎麼可以比他還遜呢！」為了避免讓自己有這樣消極的想法，最簡單的做法當然就是漠視他人的成就。也因為如此，理智上我們相信有一些人很偉大，情感上我們卻會告訴自己：這些偉大的人不會出現在我們身邊。

人們有維護自尊的基本需求。泰舍（Tesser）在 1988 年提出「自我評價維護理論」，其中提到人們在與人互動的人際關係之中，個人的自尊是否受損，會受到以下三方面的影響：

1. 相對於別人，我們在同一項任務中的表現如何？
2. 我們跟別人的親密程度。
3. 這項任務對自我形象的重要性。

如果我們的好朋友，在我們重視的領域中勝過我們，那麼我們的自尊就很可能會受到威脅，並且讓自己感到焦慮。為了減少這分焦慮，我們可能採取以下的三種補救措施：

1. 加倍努力，超越別人（這是典型的良性競爭，藉著朋友間的切磋琢磨，讓彼此進步。但是如果意識到自己不可能超越朋友，就可能放棄這個方法）。
2. 降低與朋友的親密關係（只要讓這個厲害的人變成陌生人，那麼當事人就不用再感受到壓力，可以快樂地繼續不傑出的表現。這好像是多數人會用的方法）。

3. 降低該任務的重要性，尋找其他可以突顯自己能力的任務（若是能夠在其他領域找到可以突顯自我的表現，這也的確是一個很好的結果；好朋友之間可以互相欣賞、敬重。若是找不到後者，那麼就成了標準的酸葡萄心理，這種做法就不太健康了）。

中國人一向有一種說法：「文人相輕」。意思是讀書人很容易自以為是，除非對方的成就大到不得不承認，否則總是習慣漠視。不過這種行為只會出現在相同的領域，數學老師不會去嫉妒國文老師教得好；一個電機工程的教授也不會避諱去誇獎學校同事在考古學上的貢獻；但是只要對方的表現和自己的專業重疊，那可就難說了。在相同領域裡，願不願意肯定對方，通常少數來自對方的表現（是否驕傲？），而多數來自個人修養的問題。

領域的認定，或許是一個值得思考的問題。雖然剛剛說數學老師不會去嫉妒國文老師教得好，但是如果當事人把數學和國文共同當成是所謂的「主科」時，這種嫉妒心理又會莫名其妙地出現了。當事人可能會想：「他班上的國文八十二分又如何？不過贏了別班四分；我教的數學雖然只有七十六分，卻足足贏了別班七分，所以還是我比較厲害。」這是以分數來說。但是分數這種東西，畢竟是一翻兩瞪眼地明顯，不值得我們花太多時間討論。還是來分析一下一開始的故事吧！

相對於大學的教育而言，國中的教育比較沒有那麼強調知識的專業，因為大家都知道，對國中生而言，比起教導他們各種科目的知識，似乎還更重要的事情，就是培養他們的生活品格。雖然現在學校在這方面似乎做得比較少，但是其原因往往並不是因為它不重要，而是因為不知道從何著手，只好暫時把它擱置一旁。我相信，絕大多數的老師，就算口中在拼成績，心裡還是會想著如何培養一個心理健全的學生。正因為如此，在國小、國中、高中的各級學校裡，老師們其實都是不分科地在相同的領域裡，也就是所謂的「教育工作者」，這就符合了人們啟動「維護自我評價」的第一個要件。

在故事裡，游信銘老師在班級經營的能力上不容忽視，於是王雪芬選擇了第二個策略，讓自己和游老師保持一定距離，這樣才不會讓她感覺比游老師矮了一截，才方便在同一個辦公室裡維持著同事的關係。這種做法好像不太積極，不過讓我們再來看看另一種吧！另外有一些老師可能會選擇第三種策略，他想：「班級經營？好吧！這部分算你厲害，不過那又如何？充其量也不過就是一個領死薪水的教書匠。我每天在股市的進出，隨便兩、三天就是你一個月的薪水。這年頭誰會尊師重道啊？大家只會向錢看，所以還是像我這樣的人生過得實際些……」這個例子或許誇張了些，不過有些人的確只把教育工作當成是一份領薪水的工作，那麼這些人不懂得去欣賞另一些老師認真的表現，也就合理了。

我無意批評那些想單純教書領薪水過日子的老師，這是個人選擇，我們都應該學著尊重每個人的選擇。我主要想討論的，是選擇第二種策略的那些人。王雪芬老師不知道她為什麼不想和游信銘老師討論班級經營的問題，我希望她看了我的文章後能夠知道為什麼，也希望她能夠拋開這種消極的自我防衛。事實上，大家應該要有一個正確而重要的觀念：「任何一個好像比我厲害的人，都不可能在每個方面贏過我。」游信銘或許在許多原則及技巧上掌握得很好，但是王雪芬依然有可能在某些地方贏過游信銘。若是能夠拋棄自我的本位主義，共同討論，互補有無，一定能夠讓工作變得更加輕鬆。

自我評價維護理論所討論的是平輩之間的人際互動因素。但是除了平輩之外，或許還應該來看看有階級差異存在的情形，我發現人們在這個時候，很容易被這個差異所蒙蔽。先以學生來說好了，有一次班上有兩位同學拿他們做的海報給我看，要請我幫忙評看看哪一張比較好？美術方面我是一個大外行，只好憑感覺隨便說其中一個作品比較好。沒想到那位同學立刻說：「你看，連老師都說我的比較好。」嚇得我趕快說：「我說的不算數，要問你們美術老師比較專業。」另外，有一次同事問我：「未成年學生不能喝酒，那可不可以買酒呢？」我說應該也是違法吧！過了幾節課，他忽然來告訴我：「真的耶！剛剛我問過主任了，主任說買酒也是違法。」我說：「哦！原來主任說的就算啊？」他說：「當然啊！因為他是主任嘛！」其實我還是不清楚買酒是否違法，但是我對於同事對「主任」說的話如此深信不疑，感到有點奇怪。

我要說的就是這種「官大學問大」的迷思。相同的表現，如果是職位高、學問好的人做到了，感覺就比較能夠接受，但是如果職位低的人的表現強過職位高的，不要說上位者可能會有妒才的現象，就連身邊的人也要百般挑剔，非得從中挑出一些毛病不可。這種現象似乎是在反映一個現象：我們比較可以接受上位者的表現，表現五分還要把它吹捧成十分；對於同事，大概會把十分的表現當成六分來看。若是對於職位比自己還低的人，可能非得把十分的表現挑剔成兩分，否則無法維持自尊。

有些同事來向我抱怨，有一些建議，明明私底下他已經提出許多次，沒有人願意聽他說過的話；一旦同樣的東西換成主任提出來之後，馬上就成了「主任英明」、「洞察先機」之類的噁心字眼，原來現在的人都是這麼地狗腿。我倒是勸他無需如此悲觀，因為這些人未必是百分之百地為了狗腿而狗腿。平心而論，我們比較願意肯定那些「已經被別人肯定過的人」的成就；例如職位高的人、學歷高的人、得過獎的人、上過電視的人……，這些人已經在某種程度上通過具有公信力的檢定，所以肯定他的成就比較安全。這個現象背後其實反映了一般人的通病：「對自己沒有信心。」因為對自己沒有信心，所以自己認為對的事情不敢說「對」，必須等到有別人說「對」之後，才敢在一旁附和。更有甚者，就算自己認為不對的事情，一旦身旁的人都說對了，自己也就相信它是對的。

這個理論看似沒有什麼，但是我倒覺得給了我很大的啟發，若是大家能夠改變一些消極的態度來維護自尊，做起事來一定能夠快樂許多。人際之間是「互動」的，懂得去肯定他人，才有機會得到他人的肯定。子曰：「三人行，必有我師。」如果我們能夠認真地去欣賞身邊的人的能力，一定可以讓我們更加成熟，過得更加快樂。

17. 自我中心偏誤（egocentric bias）

場景

多年以來，田靜老師所帶的班級幾乎可以說是品質保證，學校的整潔、秩序比賽就算沒有每週得獎，至少隔週一定會拿下其中之一。再看到每年的校慶活動，全班表現出來的場地佈置、同學們的精心打扮、啦啦隊的活力表現，也難怪每年的精神總錦標總會落在她的班級。學校不僅放心地把資優班交給她，也多次請她利用段考下午的研習時間，與學校的其他同事分享她的帶班經驗。在這種背景之下，任誰也沒有想到會有那一天的事件發生。

那一天的事是謝文華老師發現的。那一節沒課，他在辦公室裡閒著也是閒著，就上了學校的留言板隨意瀏覽，不經意看到一則主旨為「田靜老巫婆」的留言。那時還沒意識到田靜是哪一號人物，點進去一看才大吃一驚，同學們（應該是同學吧？）竟然把學校的神主牌批評得一塌糊塗，而且還有五、六篇的回應文章，共同開轟。謝老師回憶起剛進學校之時，大家都推薦他要多和田靜老師學習。經過長期的觀察後也發現，田靜老師真的非常認真，都已經是快退休的年齡了，做起事來比許多年輕的老師還要積極。此外，田靜老師帶班也真的很有一套，幾乎每一個班級偶爾都會傳出一些師生衝突的事件，就是她所帶的班級從沒聽過有什麼狀況。話又說回來，田靜老師在學校的地位也非常鞏固，還聽過有同事這麼說：「學校裡不管誰都可以得罪，就是不能得罪田靜老師。」這樣的一個老師，怎麼會有人在留言版上罵她呢？

基於好奇心，謝老師認真地看了幾則回應留言。

「那個『田蛙』以爲她是誰啊？總是叫我們做這個、做那個的。第一名又怎樣，明明就是她自己要那種頭銜，強迫我們配合就算了，還說這一切都是爲了我們好，講得那麼好聽，還不就只是自私而已。」

「樓上的說得眞好，我也有這種感覺耶！上一次班上在發段考的考卷時，她把全班臭罵了一頓，足足一節課的時間耶！說來說去還不是就那幾句，什麼『我都是爲了你們好啦！』『現在不讀書，以後沒出息！』『讀書是靠自己，難道光是老師認眞，成績就會進步了嗎？』『我把時間、精力都耗在你們身上，爲的就是看到這種爛成績嗎？』『……』總而言之啊！她說出來的一切都是爲了我們好，可是我覺得那根本只是因爲我們班的成績輸給一班而已。」

「喂！你們是不怕死啊！講這種大逆不道的話，當心被發現後會被記大過。」

「有什麼好擔心的，反正又沒有留下姓名，到時候來個死不認帳就好了。我先警告你們哦！要是有誰去當爪耙子，小心我給他好看。其實啊！我們也只是說一說心聲，要是連網路留言都不能說，大家豈不是都要內傷了。」

「哈囉！我剛剛看到了，我也來聲援你們吧！雖然我沒有直接被她教過，但是我聽過一些她的傳聞，所以我相信你們說的是眞的。說什麼學校的台柱，根本就只是踩在學生的身體上來建立她的名譽罷了。一開始說她是老巫婆的是哪一個啊？眞有種。加油吧！不要被那種老師控制了。」

「我也覺得你們班很可憐耶！每天從早自修開始就在考試，你們都沒有人向老師反映這樣會把人烤焦嗎？」

「誰敢說什麼話啊！反正她一定說要趁早準備學測，寧可現在累一些，也不要等到考完以後才來後悔；然後接下來又要開始說她有多辛苦，我們都不瞭解她的苦心。天啊！我早就投降了，反正她喜歡考就給她考，考完要生氣也是她家的事，最好早一點氣死，我們也就解脫了。」

「不要這樣啦！我覺得老師是眞的爲了我們好啊！你看，學測考好也是我們自己能夠讀好的學校，老師又不見得能夠得到什麼好處。再說，我們班上的獎狀那麼多，每個任課老師都稱讚我們班上的表現，這樣不是也很有榮譽感嗎？」

「閉嘴！樓上的，我知道你一定是×××，就是有你們這些馬屁精，老是喜歡去拍老師的馬屁。你喜歡？自己做就好了，幹嘛要把我們全班都拖下水。你不要以爲老師眞的喜歡你，要不然下次你故意把成績考差一點，看看老師還會不會多看你一眼。獎狀多又怎樣？我才不稀罕那種東西，要不是怕她通知我爸爸，我早就……」

謝文華老師愈看愈是驚奇，退出留言版首頁之後，竟然發現又多了十幾篇的回應，儼然是最有人氣的留言。他隱約覺得這件事似乎不能小看，招了手把辦公室裡的其他同事也找了過來一起討論，於是整件事就爆發開來了。

老實說，老師在留言版上被學生罵是屢見不鮮的小事一樁；還好多數老師並沒有上留言版的習慣，就算有其他老師看到了，通常也不會和當事人講，反正一段時間之後，資訊組長就會把這些「不適當」的留言刪除。這一次大概是學生挑錯了人，而且引發的回響也實在是太多了，整件事情於是傳到校長的耳朵裡。不用說，最先倒楣的當然是資訊組長，因為他沒有做好留言版的「管理」工作，才會讓學生這麼隨便地到留言版亂講話。不過資訊組長亡羊補牢、將功補過，他追查了留言時間，以及留言的 IP 位址，最後鎖定了當時上課的班級，使得使用那幾台電腦的同學無所遁形。死不承認也沒用，剩下的只是該怎麼處罰這些學生的問題而已。

事實上，如果事情就到此為止，也不是什麼了不起的事。然而，整件事情意外地動搖了田靜老師在校園獨尊的態勢。不少老師開始意識到：「原來田靜老師並不是這麼地受學生愛戴。」有一些老師平時就不滿田靜老師總是打著「為學校好」的招牌，一意孤行地要求大家做各種配合。也不想想每個人在「老師」的身分背後，各自都有許多角色要扮演，誰像她這麼閒可以以校為家呢？然而，像她這種樂於犧牲自己來配合學校的做法，當然深獲校長、主任的認同，所以田靜老師長期以來一直擁有如此崇高的地位。

在這個事件之前，已經開始有人在暗地裡檢討田靜老師對學校這麼有影響力到底是好或不好？特別是在學校的各項評比似乎都持續在走下坡之際。有些老師覺得自己已經算是很配合學校了，可是學校的升學率沒有變好，常規愈來愈差，學生也仍然持續在流失；沒聽到校長、主任自我檢討的聲音，反而是對老師有愈來愈多的要求。老師們心裡想著：「我這樣的配合還不夠嗎？到底要犧牲到什麼樣的地步才算是夠了呢？」這個事件發生，正好讓那些「反田派」的老師更加積極地活動。他們其實不見得是要反對田靜老師這個人，只是因為田靜老師這樣盲目地犧牲，往往成了校長要求其他老師的藉口。再說，這樣的犧牲是不是真正有意義的舉動呢？然而，「反田派」的動作又促成了「擁田派」的老師一陣撻伐，他們覺得田靜老師對學校的關心是不容置疑的；平心而論，校園裡有哪一個老師能做到像田靜老師這樣的犧牲奉獻？如果這麼好的老師都被學生糟蹋，這個社會還有什麼公理正義存在？田靜老師是一個不容置疑的好老師，任何想要檢討田靜老師舉動的人，就是不愛學校的表現……

眼看學校幾乎就要為此事而大傷和氣，田靜老師身為核心的當事人，最後寫了一份聲明稿貼在學校的各個辦公室。內容是這樣的：

各位老師好：

爲了最近發生在我身上的事情，造成學校氣氛的動盪，個人感到非常遺憾，也絕對不是我所樂見的結果。打從教書的第一年開始，我就一直待在這所學校，至今已經超過二十五年了，中間也遇到過一些起起落落，但是總是在同事們共同的努力下度過。這幾年學校的升學率下滑，學生的生活常規變差，學生人數逐年流失，學校也年年減班，這都是讓我非常痛心的地方。我不懂，我們學校曾經有過這麼輝煌的成績，爲什麼現在就變差了呢？

我已經快要退休了，但是人家說：「當一天和尚，敲一天鐘。」爲了學校，我每天七點不到就來學校監督同學們掃地；爲了加強同學們的英文能力，我利用早自修的時間要求學生聽大家說英語；爲了學測，我幫忙安排同學們的複習進度；爲了功課，我每天利用放學後的時間來幫同學繼續加強。做了這麼多事，難道我錯了嗎？在學校待了這麼久，我願意把學校裡的學生都當成我的孩子一般地來照顧，我也相信，如果大家都能夠多爲學校著想，我們大樹國中一定可以再度成爲家長們信賴的學校。學校不是一個、兩個老師就可以辦得起來，也不是大家吵吵鬧鬧就可以輕鬆成功。或許有一些誤會，但是只要講開就好了，大家都是爲了學校，希望能共同團結爲學校來努力。

爲了避免同事們多方的猜忌，我從此將不再對學校有任何公開的建議，但是我仍然會樂於配合學校的所有政策。此外，我個人的行爲僅代表個人，絕對沒有要求大家效法的用意，學校應該有學校的制度，不希望爲了少數人而壞了學校的規矩。

故事背後

「難道我錯了嗎？」這真是一句非常沉重的話，特別是出自一個老老師的口中，任誰都只好掩面懺悔，痛責自己怎麼會如此欺負一個老人。然而事情往往不是「誰錯了」的問題，而是「有沒有做對」的問題。我相信，大家都是真心為了學校好，各自都在做自認為對的事情，所以學校裡根本就不存在「錯」的事情。問題是，每一個人的「對」，是不是就符合多數人的「對」呢？或者，某些人的「對」，是不是能夠排擠其他人的「對」呢？

在實際討論「對與對」的問題之前，先來介紹本文打算說明的人性心理盲點。人們對於集體活動的成果，在最後進行成敗歸因的時候，往往會過分誇大自己在活動中的表現，認為自己所做的努力，就算不是最多，至少也不會比任何一個人少；或是認為自己所做過的努力，在最後工作的成功上，扮演了舉足輕重的地位。就算最後工作不幸失敗了，也絕對不能怪罪到自己的這一部分。這樣的現象便稱為「自我中心偏誤」。

皮亞傑（Piaget）在認知發展論裡指出，自我中心的現象發生在前運思期，大約是兩歲以後開始發生，而且在七歲以前就應該學會去掉自我中心的想法。為什麼這麼多人在長大之後還會有自我中心偏誤呢？佛洛伊德（Freud）或許會說這是因為固著（七歲以後的部分心智就不再長大了），或是退化（當人們遇到壓力後，又躲回去兒童時代的心智）所致。不過，一般人願意接受這種說法嗎？

在《最後十四堂星期二的課》一書裡，莫瑞得知自己罹患漸凍症，肯定不久於人世之後，步出醫院，看著眼前陽光燦爛，路上行人匆匆，他心裡想著：「為什麼？為什麼眼前的世界還是持續在運轉，難道這些人都不知道我就快要死了嗎？」這其實也是一種「自我中心偏誤」的表現。多數人都以為自己對身邊的人很重要，或許還會覺得世界是以他為中心在運轉著。他辛勤地工作，不全然是為了自己，也擔心他倒了之後，身邊很多人都活不下去了。例如父母為了孩子、老師為了學生、員工為了公司……儘管最可能的結果是：「就算少了他，世界也不會因此而有任何改變。」但是大家還是願意陶醉在這樣自我膨脹的幻想當中，因為這種想法可以給自己很大的自尊滿足。

為了緩和上述嚴肅的氣氛，先說一個「做家事」的笑話吧！某一個家庭裡，夫妻雙方都認為自己在家庭的維持這件事上，佔有比較大的比重。先生認為他每天上班賺錢，工作得這麼辛苦，還要遭受上司的羞辱、同事之間的不諒解、職場上的勾心鬥角，回家之後理所當然可以好好地休息；太太則認為她每天要打掃家裡，要煮飯、洗衣服、帶小孩，根本都沒時間休息，先生回家之後，本來就應該要分擔一些家事。這一天晚上，夫妻倆又再度為了同樣的問題吵架；睡前，先生向上帝禱告，希望和太太的身分能夠交換，讓太太能夠體會他的辛苦……

隔天起床，他發現他果然變成了她。她快樂地把她的先生（原本的太太）送去上班之後，又睡了一會兒回籠覺，打算開始享受家庭主婦的一天。才剛入眠就被孩子吵醒，只好帶著小孩去公園走走、運動；陪著小孩玩累了之後，回到家轉到兒童電視台來吸引孩子的注意。才想休息，卻意識到應該要開始整理家裡了：洗衣服、掃地、拖地、晾衣服，一切都做完了午餐時間也到了。和孩子兩個人隨便解決之後就陪著孩子上床睡午覺，一覺醒來又要陪著孩子玩遊戲。忽然想到家裡沒菜了，趕緊帶著孩子到賣場採買；在賣場裡一邊要挑食物、一邊要盯著小孩別亂跑。好不容易買完東西回家煮飯，看看時間，先生應該也快下班了吧！才剛做好菜正好遇上先生回家，只見他問也沒問一句坐了下來就開始吃飯，自己還得先餵小孩吃飽才可以吃先生吃完的剩菜，旁邊還伴著幾句嘮叨：「今天煮的哪一道菜太鹹了，哪一道菜太爛了……」

壓下心中的怒氣洗完碗筷，回頭看到先生正在客廳看電視開心地大笑。雖然生氣卻想著這好像是她平時在做的事情，乾脆到浴室泡澡、抒解壓力算了。洗完澡出來哄孩子去睡覺，她想終於可以好好地休息睡一覺了，眼睛還沒瞇上，這時候先生剛洗完澡上床，不乖乖睡覺卻爬到她的身上，要求做愛做的事。她忍耐地配合一下之後，看著旁邊睡得跟豬一樣的先生，她趕緊再度向上帝祈禱：「上帝，我知道錯了，明天請幫我換回來吧！」

天上傳來上帝的聲音：「不行，因為就在剛剛，妳已經懷孕了，要再等十個月才可以換回來。」

「……＊＆＠＃」

到底誰的貢獻最多呢？任何想要知道這個問題答案的舉動，應該都不會是聰明的行為。是的，的確很有可能存在某個客觀的條件，足以衡量每個人在團體裡的貢獻，理論上也絕對能找到最有貢獻的那個人，但是又如何呢？難道最有貢獻的那個人就能夠取代比較沒有貢獻的那群人，自己獨自撐起團體裡的所有工作嗎？或是說，最有貢獻的那個人就可以指揮別人該做什麼事嗎？

在一開始的故事裡，田靜老師絕對是一個優秀的老師，說不定也夠資格作為師鐸獎的候選人。但是問題是，她可能把自己的角色想得太重要了，誤以為學生如果沒有她這個老師，學生的未來就會變成黑白的。特別是現在社會這麼亂，愈是認真的老師，愈容易有這種自比為「同學救星」的心態。他們擔心如果自己沒有辦法把學生拉起來，學生這輩子就算是完蛋了。這樣的想法繼續擴展開來，就會認為學校不能沒有她的存在，她的付出是學校還可以繼續營運的最主要原因。

正常情形下，這種想法對他人是無害的。但是每個人的體力有一定的極限，當他自以為背負了學校的興衰、學生的未來之後，難免會不斷地犧牲、奉獻。成功就算了，萬一在這個時候，學校還是亂，學生的成績還是差，而他也面臨了體力上沒有辦法再付出的窘境時，難免會把責任怪到別人身上，認為若是別人也能像他這樣子付出，學校及學生就會有救了。威脅在這個時候產生。

換另一個例子來說明好了，我的一個朋友在學校擔任訓育組長，聖誕節快到了，他想要趁著這個特別的節日，辦一個全校性的聖誕同樂會來減輕同學們讀書的壓力。他不敢煩擾其他多數的老師，只邀請了一些和自己要好的同事們共同努力規劃，但愈是討論就愈想把這個同樂會辦得既盛大又熱鬧，於是內容愈加愈多：活動從一個小時變成兩個小時；內容從少數同學主動報名參加，變成要求各班都能夠出一個節目；老師參與的項目也從三、四個好朋友的友情贊助變成全體導師共同參與（當然，他們也「熱心」地幫這些導師們設計了表演節目）。整個活動就這麼如火如荼地展開了。

但是結果很糟。他首先抱怨導師們都推三阻四地不肯上台表演，接下來又說同學們在表演節目時也不太積極，大家的確被逼上台了，但是在台上也只是發呆，一點都沒有表演的意願。最糗的是，兩個小時的表演節目，中間或許有不少的尖叫、歡笑的氣氛，但是最後一場秀（多位女老師的舞蹈）還沒表演完，放學的鐘聲已經響起，同學們不管台上還在盡力演出的老師們，一窩蜂地往門口疏散，嚇得學務主任趕快拿起麥克風來恐嚇同學們立刻回座，等待表演結束、集體放學。雖然學生偷跑掉的只是少數，但是整個活動當然是掃興到了極點。

沒有人敢怪我這個朋友，因為他在這次活動中的付出是有目共睹的。事後我和他一同檢討原因，我這個朋友檢討起來當然都是別人的錯，但是我卻只是問他，有沒有和其他老師、全校同學們共同討論這個活動的意義，以及希望達到的效果？他說這種東西幹嘛要說，大家一定都知道啊！不過他自己也覺得這個說法很牽強，於是又接著說因為時間緊迫，所以沒有時間好好地和老師們討論。更何況，如果一個一個地尋求支持，他擔心萬一大家都表示反對，那不就辦不起來了嗎？我的想法則是，若是多數的老師都不支持，那就表示這個這麼好的聖誕同樂會，出現的時機還不夠成熟。與其倉促地把它推出來，然後大家灰頭土臉地生悶氣，從此再也不願意辦類似活動，倒不如等日後時機成熟了再來做。雖然說那時候主辦的人或許不會是他，但是又何必一定要他才能夠辦活動呢？

最後，我想討論某些人的一些要不得的心態。田靜老師可以七點到校監督同學們的掃地工作、可以在放學後把學生留下來關心功課到六點、每天十一個小時的超時工作。雖然田靜老師不以為苦，卻不值得推廣為評斷其他老師表現的標準。不要說以此來作為考績的依據非常不應該，就算只是在心態上表現出「做不到相同表現的老師就不能算是好老師」這樣的念頭，也是一個不恰當的想法。對於田靜老師，我想要建議這樣的老師千萬不能讓自己的認真被別人利用，除了自己不應該有「要別人和他一同犧牲」的念頭外，還應該在別人為了「他的行為」而被要求時，站出來為當事人說話。

大家都希望自己可以是一個「重要的人」，這是很積極而正面的想法，但是若是需要犧牲掉別人才能成全自己的成就感，這分成就感已經失去了它應有的榮耀了。

18. 基本歸因謬誤（fundamental attribution error）

場景

在路上，林芷伶老師已經闖過第三個紅燈，繼續往學校的方向加速前進。但是不幸的，前方不遠處出現塞車，心裡再急也沒有用。卡在車陣中，林芷伶看不到前方是否發生了什麼事故，或只是單純地因為一輛烏龜車所造成的回堵？在車子裡焦急地等了三十秒，彷彿是三十分鐘一般地坐立難安。隨手在皮包裡翻找了一下，心裡罵著：「該死！早上出門太過匆忙，竟忘了把手機帶出來。」這下子萬念俱灰，整個人攤在車裡，卻只能窮緊張。一會兒，她耐不住性子下車查看，但是極目望去，也只看到綿延幾十公尺的車龍；往回看，後方也塞了近十輛車，這下子真的是被卡死了。林芷伶顧不得她淑女的形象，沮喪地坐回車裡後就不停地咒罵前面那輛不知道發生了什麼事故的車子。不過像她這麼淑女的老師，實在沒有什麼好的台詞可以罵，不多久詞窮了，還是只能乖乖地在車裡生悶氣。

林芷伶坐在車裡胡思亂想，忽然被很大的一聲「叭」吵醒，回過神一看，原來前方的車子不知道什麼時候已經都走光了，眼前只趕上那輛最接近的車子，正好就在下一秒車離開她的視線，此外前方道路一片淨空。大腦一時反應不過來，後方被她堵住的車子繼續奮力地用喇叭聲來提醒她現在的情況：「她已經發呆過頭了。」她趕緊打 D 檔前進，還不忘回頭瞪後面那一輛膽敢「叭」她的車子一眼，心裡想著：「急什麼？趕著投胎嗎？也不想想我昨天晚上陪著一個好久不見的朋友聊天聊到凌晨五點，幾乎沒有睡到覺就要趕到學校參與返校，眼看著時間已經超過了，還有誰有資格比我更加著急呢？」

在學校，導師辦公室裡，老師們陸陸續續地進到辦公室，彼此互相打著招呼，分享著暑假到過哪個地方玩，發生過哪些有趣的事情。不久，學務處廣播，要求全校返校的同學通通到操場集合，老師們當然也跟著往操場的方向移動。返校的工作其實很簡單，或許連簡單兩字都不足以形容它的簡單。首先，學務主任集合整隊，接著是教務主任宣布一些開學註冊時應該注意的事項（基本上只有一點：記得到農會繳錢），接下來就是導師發資料的時間了：一張註冊單、一張成績單。整個返校的任務根本是簡單到令人懷疑它存在的目的。

蘇一智在發完班上的註冊單及成績單之後，回頭發現七班的同學在操場上發呆，因為該班的導師林芷伶老師並沒有出現。蘇一智猜想林老師大概是被什麼事情耽擱了吧！基於同事情誼，也避免七班同學一副乏人照顧的尷尬，他到升旗台旁要幫林老師拿資料回班上發，但卻遭到教務主任的阻止。張主任說：「今天返校是學期末就已經公布的日子，林老師一定知道。既然沒有收到她請假的消息，就表示她今天應該會到，所以就等一下吧！」蘇一智碰了一個軟釘子只好回到自己的班上。此時台上的學務主任正在說：「已經發完成績單及註冊單的班級就蹲下來，如果全部都發完了，我們就準備要集合放學了。」全校幾乎都蹲了下來，只剩下七班的同學手足無措地站在原地。

學務主任看了一眼七班的情形，問了一句：「是導師還沒有來嗎？好！等一下七班同學全部留下，其餘同學到校門口排路隊準備放學。」同學們都解散了，老師們當然也就三三兩兩地離開操場。不過蘇一智感到很納悶，擺明了是這麼簡單的事情，雖然導師沒到，隨便一個組長幫忙發一下資料，也就只是舉手之勞罷了，何必好像要特別強調一般，把全班同學都留下來呢？當所有老師都往辦公室的方向移動時，蘇一智特意等在一旁，看看學校要怎麼處置七班的同學。只見全校同學都離開得差不多之後，張主任把七班同學叫到升旗台前問：「你們老師呢？班長是誰，有沒有通知你們老師？」蘇一智在一旁差點沒笑了出來，心想：「原來導師沒到，居然是班長的責任？」張主任可能也意識到自己的荒謬，趕快改口說：「其實我也不是在怪你們，只是依照慣例，這些資料都必須由導師發放，既然你們導師沒來，也就只好繼續等下去了。」同學們聽到這句話，人群間開始起了騷動。張主任又說：「這樣吧！讓你們一直等下去也不是辦法，我先把資料發給你們，有問題的話，開學以後再找你們導師好了。」註冊組長上前把資料發下去，七班同學也終於能夠順利回家了。

看著七班同學離開，蘇一智也回到自己的辦公室。拿起電話，撥了林芷伶老師的手機號碼，可惜電話沒有人回應。他心想：「算了，等開學再通知她今天的事情就好了。」收拾了一下，正準備要回家，門口傳來急促的腳步聲，林芷伶快步地閃身進入辦公室。蘇一智笑著對她說：「怎麼搞的？學生都走光了才來，難不成是睡過了頭嗎？」林芷伶一臉苦笑地把事情經過說了出來，蘇一智才說：「既然來了，先去向學務主任報備一聲吧！剛剛的情況有點奇怪，妳趕快去向主任說明遲到的原因，省得被人家誤會妳是故意不來。」於是蘇一智把剛才的情形轉述給林芷伶知道。

林芷伶聽完就往學務處的方向走，還沒打開門，剛好聽到裡面傳來說話的聲音。

「那個林老師也太過分了，明明知道今天是全校返校日，不來也就算了，連一通電話請個假都沒有，八成是去哪裡玩瘋了，連返校的事情都忘了。下次主管會報的時候，一定要提出來向校長報告。」聲音聽起來像是教務主任。

「唉啊！暑假期間出去玩，難免會一時疏忽忘了時間，導師們平常帶班都很辛苦，遇到暑假放鬆過了頭也是有可能的，應該不會是故意的吧！」這個聽起來像是學務主任在說話。

「陳主任，你做人就是太好了，老是幫著導師們想，難怪導師們沒有人要甩你。告訴你，現在的老師就是太好命，沒有一點責任感，不找機會去電一電他們，他們根本就不會認真做事。」這個囂張的傢伙，好像是剛上任的輔導主任；他接著又說：「像那個林芷伶，上學期的畢業典禮不是也無故未到嗎？聽說校長知道這件事以後很生氣，還打算記她一個曠職呢！」

學務主任趕快說：「林主任，你誤會了！那一次林老師沒有參加畢業典禮是我勸她請假的。林老師平時上課比較嚴格，對學生的要求比較多，相對地就比較容易受到一些學生的記恨。那一次畢業典禮前，我聽到消息有畢業學生打算在當天找她麻煩，所以特別請她當天請假。那件事情我已經向校長報告過了，校長那邊也已經表示可以理解。」

教務主任接著說：「不談畢業典禮的事，剛剛林主任所說的話我也有相同感覺。憑什麼我們行政人員暑假還要天天到校上班，這些老師才不過拜託他們上個輔導課，每個人都跟我推三阻四的，好像學校是只有行政人員才該負責，這些老師一點責任都沒有一樣。像林芷伶，明明知道英文老師不夠，她還是堅持要到義大利遊學，害我連王珊蓉都把她請下來教英文了。」

「王珊蓉？」學務主任吃驚地說著：「她不是地理老師嗎？怎麼也能教英文？」

「唉啊！」教務主任說道：「王老師已經研究所畢業了，英文能力應該可以啦！反正不過就只是國中英文。再說，我問過王老師，她也說願意試試看。暑期輔導又不是什麼正課，馬馬虎虎就算了。」

「……」

林芷伶在門外聽得面紅耳赤，覺得現在好像不太方便進去，於是踮起腳尖，悄悄地離開。回到辦公室，蘇一智還沒有離開，林芷伶於是把剛剛偷聽來的對話都說給他聽。蘇一智聽完憤憤地說：「算了！不用理他們，你等明天再補一張病假的假單就好了，反正誰規定人不能臨時生病呢？然後妳說妳有打電話通知我，是我忘了向主任告知就好了。」蘇一智接著又說：「這些行政人員根本就是心理變態，自己暑假要來學校上班，就要想盡辦法把每個人都拖下水，也不想想他是領行政津貼的，休假有休假補助，不休假還有不休假獎金。我們當導師的，平常累得像條狗一樣，難得有個暑假可以好好休息，他憑什麼在那邊說三道四。輔導課找不到老師？還不是他們排課不公，輔導費又是黑幕重重，誰甘心流汗去幫他賺錢啊？做人也不過就是互相尊重，老是喜歡擺主任的架子。哼！主任了不起啊？我是領國家薪水，又不是領他的錢。」

林芷伶沒想到蘇一智的反應這麼激動，趕緊勸他消消氣，又想到反正時間還早，就請他到麥當勞吃早餐了。接下來的情形不用細談。據專家統計：人們花在批評他人的時間，遠超過讚美他人的時間。或許可以做猜測的是：到底是兩個老師罵主任所花的時間多，還是三個主任罵老師的時間長。

故事背後

朋友說有一次早上他要出門去學校的時候，忽然感到肚子一陣咕嚕咕嚕地亂叫，只好乖乖地去蹲馬桶。不用說，早自修當然是來不及了。等到拉完肚子趕到學校，迎面遇上學務主任，還沒開口呢，主任小心翼翼地把他拉到一旁：「剛剛校長巡堂，看到你沒有在班上，特別交代我通知你一聲，希望以後不要再遲到了……」

朋友心裡感到一陣委屈，平常都是準時到校，偶爾遲到，而校長則是常常遲到，偶爾準時，怎麼就這麼不巧地被校長「捉包」呢？話又說回來，校長看到老師不在班上，不分青紅皂白地就認定是「遲到」，還特別叫主任「傳話」。想起自己也算是一心繫著學校，快快地上完廁所就趕著出門了，沒有得到一點安慰就算了，還莫名其妙地被「警告」，愈想愈覺得心裡不是滋味。不是說長官要體恤下屬嗎？這種態度算是哪門子的關心啊！

大家常常在說「同理心」，這恐怕是「最好理解又最難做到」的事情之一。我聽另一個朋友說她在校務會議時，校長批評老師們都太過自私，下班時間一到就急著回家，連學校的輔導課都不願意幫忙。她一時氣不過就站起來發言，說校長的孩子都已經大了，不像大部分老師的孩子都還需要父母的照顧，而且照顧孩子一直都被認為是女性的工作，校長是男生根本就體會不到照顧孩子的辛苦。本來時間都算得好好的，如果要上輔導課，又得額外花錢請褓姆照顧孩子，賺到的輔導費根本就不足以支付褓姆的費用，怎麼能夠說不上輔導課就是自私呢？一番話說得校長無言，卻仍然改變不了一定要找到人上輔導課的命運。

我想，每個人都很辛苦地在扮演自己的角色，原本這是可以達到某種程度的平衡的，至少大家依法行事，什麼事該做，什麼事又可以不必做，一翻兩瞪眼，其他的也就不用再囉嗦了。但是就是有一些人「好還要再更好」，難免會要求別人犧牲來滿足自己的期望。同理心？在人本主義的觀念裡，同理心是指自己主動站在他人的立場去為他人著想，可是現在人在談同理心的時候，往往是要求別人能夠站在自己的立場來為自己想。結果，若是有某個老實人願意去同他人之理，而他人仍然只懂得同自己的理，那麼這個老實人當然只好苦哈哈地任人壓榨了。

回到本文，讓我們來看看一般人都是如何去同理別人的吧！社會心理學家海德（Heider）提出，人們對於別人或自己所表現的行為（或特定事件的發生），就其主觀的感受，對行為（或事件）發生的原因所提出來的解釋，稱為「歸因」。他把歸因分為兩大類，第一類是屬於個人以外的因素，稱為「情境歸因」，又叫作「外在歸因」；第二類是和個人本身有關的因素，稱為「性格歸因」，也叫作「內在歸因」。

溫納（Weiner）進一步提出自我歸因論，並且把情境歸因再分為運氣、工作難度、其他；把性格歸因再分為能力、努力、身心狀況。認為人們對於行為的解釋大概都可以歸類成上述六種可能，而且，人們如何解釋自己或他人的行為，將會決定日後對同一事件的態度。例如：同學若是認為自己考試考差了，原因是能力不好，那麼在面對下一次的考試，應該也會預期考不好；若是認為自己努力不夠，那麼下次考試的成績，就得視下次的努力程度而定；若是認為運氣很差所導致，那麼下次考試應該會有比較樂觀的期待，總不會每一次的運氣都這麼差吧！

接下來，羅斯（Ross）在1977年提出基本歸因謬誤，認為一般人在解釋他人行為的時候，傾向採用性格歸因，而忽略情境因素。此外，也有其他心理學家認為人們在解釋自己的行為時，較常採用情境歸因，而不太願意使用性格歸因，結果往往造成「律己寬、待人嚴」的現象。會有這種現象的發生，心理學家的說法認為是因為觀察角度的不同所致。對當事人來說，他對於周遭環境的認知比較清楚，能夠更詳細地分析外在因素對事件的影響，所以能夠把事件的發生歸因於情境因素；而旁觀者則未必能全面地瞭解當事人所遭遇的所有狀況，所以會粗略地把事件的發生歸因於當事人的性格因素。

表面上，這一項研究似乎沒有什麼特殊，但是我卻因此反省，會不會我們常常在無意中犯了相同的毛病，結果造成或大或小的誤會。以一開始的故事來說，林芷伶很認真地想要趕上全校返校，但是不幸地遇到交通出了狀況（外在因素），沒有辦法順利返校；主任卻直接斷言林芷伶是偷懶（內在因素），不把返校當一回事。這是不是一個誤會呢？更重要的，在溫納的自我歸因論裡，我們對於所下的結論會有一致性。若是主任認為在這件事上，林芷伶是性格因素所造成，那麼下一次發生類似的事情，還是會做相同的推測。長此以往，很容易形成所謂的刻板印象。

在這裡，我有一點想要做深入討論。雖然心理學家已經說明，人們會犯下基本歸因謬誤的原因是所處立場不同所致，也就是因為沒有辦法詳細地看到當事人所遭遇到的種種困難，只好輕率地把問題歸因於當事人的性格因素。但是根據溫納的說法，性格歸因可以再細分為能力、努力及身心狀況三種。若是人們願意將問題歸因於當事人的身心狀況，也算是對當事人有比較正面的看法。為什麼多數人會傾向用負面的看法來看待他人的行為呢？

說法或許有很多，卻不是我關心的重點。我比較有興趣的是：人們如何面對他人的負面假設？曾經看過一篇文章介紹所謂的「刀子理論」，它說基於種種的因素，現在人說話以及做事常常會忘了考慮他人的感受，結果每一句無心的話，每一個無心的行為，就好像是一把刀子一樣到處亂飛。會不會誤傷了他人呢？當然會，可是更多的情形是，不少人會主動站到刀子的飛行軌跡上，被刀子刺傷之後再到處宣揚說：「那個人果然是惡意的，你們看，我被刺傷得這麼嚴重。」聽了實在很令人感到無言。別人要怎麼想、怎麼講，那是別人的事，往往也不是我們可以控制得了，但是自己又何必這麼自虐地對號入座呢？

在看過很多的人事紛爭之後，幾年前我忽然開始懷疑「真相」這回事。到底我們有沒有機會能知道事情的真相？或是真相是不是我們真正需要的答案？從後現代的觀點來看，真理是不存在的，事情的真相也只能像羅生門一般地存在於每個人的主觀意識之中。基於此，我一直有一個簡單的生活哲學：在可以選擇的條件下，做什麼事比較快樂，就去做那件事；怎麼想可以讓我們比較高興，那麼就相信所想的那一件事吧！管它是不是真的。

讓我們再以一開始的故事為例。事實是，主任發現林芷伶在返校時間沒有出現，此時主任可以有許多種的假設，他可以猜測林老師是故意不來；也可以猜測林老師是一時身體不舒服，沒有辦法趕來；還可以猜測林老師其實已經在學校了，只是沒聽到廣播集合，還在校園裡的某個角落。該選擇哪一種假設呢？而進行選擇的過程中，真相是不是一個具有決定力的關鍵因素呢？

讓我們為這些假設做一些後續的推論吧！當主任決定相信「林

老師故意不來」的同時，他還必須面對「下次類似情況又不來怎麼辦？」「如何處理林老師這種不配合的態度？」等問題。老實說，以現在的制度來說，這種問題是很難處理的。為了這種小事要做任何懲處，好像有點小題大作，但是如果不予理會，又覺得老師太過不把自己這個「主任」放在眼裡，這是不是會造成主任的左右為難呢？而這樣的困境又是不是主任自找的呢？但是，若是主任決定相信「林老師只是臨時出了狀況」，那麼他根本不用煩惱任何事情，同事間相處也不用擔心要不要「另眼相看」。對主任來說，哪一種想法才可以讓他比較快樂呢？

又，會不會林老師是「故意不來」，而主任卻選擇「臨時有狀況」呢？這樣會不會有點逃避現實的感覺啊！本書的另一篇文章：「自我實現預言」，或許值得讓有這樣疑慮的人參考，我們對他人的期望，會在無形中影響到他人的表現。這也是我為什麼強調真相不重要的原因（在某些事情上），如果真相只是在告訴我們一個無法挽回的事實，那麼我倒寧可選擇忽視真相，轉而希望事情的發展是比較正面而值得期待。

我討厭有一些人刻意避談問題，好像只要不去討論問題，問題就不存在似地；我更討厭另一些人總是用「製造問題」的方式來解決問題，感覺好像是刻意地在模糊焦點。然而，我們也不應該只是把眼光放在「認識問題」上。討論問題的目的是為了解決問題，並非只是為了要「知道它的存在」。講了那麼多的問題，也不知道是不是能如願解決問題？至少，千萬不要因為犯了「基本歸因謬誤」，反而增加了不少自己的問題。

補充一點，在現在這個資訊爆炸的時代，一大堆家長都努力讓自己的孩子學習一大堆的才藝，或者至少是放學後還要參加一大堆的課後輔導。少數家長並不盲從於這股潮流，他的孩子也不見得落後於人。其他家長如何看待這個現象呢？「哎呀！那是你們家的孩子比較乖……」

上面的說法也是標準的「基本歸因謬誤」，如果把別人家的孩子的優良表現歸因於那個孩子自身的因素（能力），那麼自己就不用對自己目前的管教方式有任何的反省，結果孩子只好繼續受苦。這種表面上盡責的父母，其實是不負責任的父母。

19. 印象的初始訊息（primacy effect）

場景

我一個在學校裡很「黑」的朋友來找我吐苦水，他說他雖然早就已經洗手不幹「反對黨」了，卻仍然遭人陷害，把一個莫須有的罪名硬是套到他的頭上。他形容那種感覺就好像是好端端地在家裡看電視，忽然天外飛來一顆隕石，活生生地把電視給砸爛了一般。本來是平靜而略帶輕鬆的生活，一瞬間就down到了谷底。聽他起了這樣子的一個開頭，對於我這麼愛收集八卦的作家來說，怎麼能輕易放過呢？於是我趕快煮咖啡、準備茶點，打算好好地聽他如此如此、這般這般一番。

事情是在某一節的下課時間，有一個同學來找她的導師，也就是我的朋友蔡國良老師，並且向導師報告前一天潛能班開班親會的經過。

這裡必須先跳開來談一下什麼是潛能班。話說朋友的學校在每一個年級都成立了兩個資優班，由國小應屆畢業生參加學科能力測試勝出後所成立，其餘入學新生則採常態分散編成十個班級。這當然是一個掛羊頭賣狗肉的手段，但是和能力分班不同的是，資優班的成立有契約的效力。雖然無法適應的同學可以在家長及老師的同意下退出（雖然真的有一些人不適應，卻還沒發生過有人退出），但是常態班的同學就算成績再好也不能進到資優班。在這種遊戲規則下，對於部分沒有趕上資優班考試，或是後來讀書開竅了的學生來說不是很可惜嗎？他們沒有辦法好好地被「利用」，哦！對不起，被「照顧」到。所以學校針對這些同學特別成立了一個「潛能班」（當然是表示這些是很有「為校爭光的潛能」的學生）。這個班的同學平常上課都在自己的常態班，只有第八、九節以及假日的輔導課才會從各班挑出來成為所謂的「潛能班」上課。

這樣的模式進行兩年之後，同學即將進入三年級，也就是所謂準備衝刺的最後一年。家長們開始對這樣子的方式不太滿意，希望能夠在三年級的時候，將這個潛能班直接成立為一個實質的班級，希望這個班的同學能夠從每天的第一節開始就做完整的訓練，而無需「浪費」一到七節的常態班正課時間。好，問題來了，雖然教務處心裡也很想同意家長們的要求，但是要在三年級的時候成立一個實質的班級，再怎麼說也逃避不了被質疑為「能力分班」，絕對沒辦法像資優班一般，輕鬆地矇騙過關。不僅要面對外界可能的指控，更可能連學校內部的老師都沒有辦法擺平。如何解決這個兩難的問題，就是那一天班親會的主要目的了。學校希望把分班的動機，推託為家長的要求，進一步想請家長們去「解決」那些分班所可能面臨的阻力。

再說到陳依琳同學吧！雖然她的成績表現絕對符合潛能班的資格，卻一直都沒有參加潛能班，這一點不能說沒有受到蔡老師的影響。在兩年的耳濡目染之下，她很肯定蔡老師對常態編班的想法：教育不應該為了照顧某些少數人，而犧牲掉多數人的權利。她雖然清楚分班對她個人是有益的，但是她更相信常態編班才是對全體有益的方式。此外，她也很認同蔡老師對於學習的看法，認為學校的知識只是學習的一小部分，除了功課以外，還有更多值得投入的地方。就因為這樣，所以陳同學在一、二年級一直沒有參加潛能班，盡量利用課餘時間發展以及探索個人興趣。但是就要升上國三了，家長也認為應該在最後這一年好好地加強，於是就和媽媽一同參加那天晚上的班親會。到了會場才發現自己是唯一的學生，這項巧合卻意外地讓蔡老師知道那顆隕石是怎麼掉下來的。

「老師，我昨天去參加班親會，有家長提到要分班的問題，然後主任就說雖然分班是最好的方法，但是校內有老師反彈，校方也感到很為難。學校已經盡力在協調了，現在十個班導師裡面，只剩下一個導師還有意見，其他九個導師也都在勸這位老師，只是這個老師很堅持，還說如果學校一定要分班的話，他就要對媒體舉發學校。老師，主任說的那個老師是不是你啊？」陳依琳這麼對蔡老師敘述當天晚上的情形。

蔡國良立刻氣憤地回答：「開什麼玩笑，我什麼時候說過這些話啊？是！我的確和同學們說過我反對分班的立場，我也和你們分析過分班或分組之後的情形。可是至少就這件事來說，教務主任根本沒有來問過我們二年級導師的意見，更不要說什麼九個導師已經同意，只剩下一個還要頑強抵抗之類的說法。」

陳依琳又說：「可是我聽主任的說法，他好像真的就是在暗示那個老師就是你耶！」

蔡國良自言自語地說著：「氣死人了，八成是主任自己不敢分班，又不好意思向家長承認自己的無能，所以隨便找一個人來當墊背。」

蔡國良老師馬上找了徐惠美老師來瞭解情況。徐老師是兩個資優班導師之一，當天晚上也參加了班親會。一聽到蔡國良的問題，徐老師的語氣馬上變得支支吾吾。「嗯……是沒錯啦！當天的確有潛能班的家長提了分班的要求，當時主任的回答是說分班是不合法的，所以沒有辦法直接分班，很容易被告。但是為了讓潛能班的學生得到最好的照顧，學校打算採用合法的能力分組，只要把學測會考的「七科」都做分組，應該就可以了……」

蔡國良接著問：「那我呢？主任有沒有提到是我在阻撓他的分班？」

徐老師回答：「是沒有指名道姓啦！不過暗示得很清楚就是了。老實說，我覺得你要不要和教務處好好溝通一下，說不定是大家誤會了。」

「溝通？妳自己也在這間辦公室裡，難道妳有看到主任找我們開過會，討論過三年級的分班或分組嗎？他這樣隨便向家長放話，難道就是有溝通嗎？再說到我個人，哪裡是我不願意溝通了？之前我每次反映問題，還不是都被漠視、忽略，搞到後來我都已經心灰意冷、不想講話了；現在反倒說我不願意溝通？」

「不是啦！我不是說你不願意溝通。我的意思是大家應該一起把話說清楚才是。」

「妳這種說法又要讓人生氣了。事實是我每次要請主任開會，共同來討論這個議題的時候，主任就硬是不開會，然後到處對別人說我就是唯一的反對分子，這根本就是刻意地要分化老師，簡直是卑鄙、無恥、下流、齷齪、骯髒、污穢、寡廉鮮恥……」

蔡國良愈想愈氣，明明自己早就已經封口不再公開講話了，教務處還是一頂大帽子硬是往他的頭上蓋。好吧！既然主任說我是妨礙分班的唯一絆腳石，乾脆直接去找主任表態支持分班算了，看他還能不能再把這頂大帽子硬扣在我頭上。

蔡國良立刻到了教務處，「主任，聽說那個潛能班到三年級的時候要直接成立一個班出來……」

主任在第一時間立刻反應：「分班？沒有啊！我們學校怎麼可能分班？嗯！那一天的確是有潛能班的家長這麼要求，但是我已經很堅決地說分班是不可能了。其實就算是分組，我也和校長報告過了：分組之後，不管是A組還是B組的學生，生活常規都會變得很難管理，特別是B組班的上課情形，一定會造成學校很大的困擾。與其要犧牲校園的安寧來換取學校的升學率，倒不如不要那麼在乎升學率，讓老師及學生們都能安心地上課。我並不建議做分組的動作，只是到後來如果校長還是堅持要做的話，我也只能聽命行事。但是，最多就是英、數、理三科分組，這個已經是我的底限了，學校的行事一定要符合教育部的規定才行。」

蔡國良心想：「果然是主任，說起謊來臉不紅、氣不喘的，要不是我這邊有一個學生和一個老師當證人，八成就要被你耍了。」

接著又說：「是這樣啦！我也不知道學校到底要不要分班，只是我好像聽到有流言，說是我在妨礙學校分班的政策，所以我現在是來表態的，我支持分班、或是分組，或是隨便學校要怎麼做我都沒有意見。說實話，若是主任問我個人的意見，我還是希望能夠常態，但是我只是老師而已，哪有能力阻撓學校的政策呢？不管下學期學校打算怎麼做，我也一定願意配合。也請主任若是不小心聽到又有人在傳什麼有的沒的，記得幫我澄清一下。」

話說完，蔡國良就晾下一臉驚愕的主任回自己的辦公室了。坐在位子上想著想著，覺得只找主任表態是不夠的，萬一他把消息壓下來，還是繼續造謠怎麼辦？於是，他想到了號稱「校園八卦中心」的體育室工友李寶珠小姐，她同時也是潛能班的家長，多半也是誤會他的一分子。

他對李寶珠說：「哈囉！李姐，聽說你們那一天班親會有談到分班的問題？」

李寶珠嚇了一跳，「呃……這其實是多數家長的意思啦！蔡老師，你自己也是有孩子的人，難道不希望孩子進到國中後能夠得到比較好的照顧嗎？分了班之後，每個班的程度都比較接近，老師也比較好照顧。硬是要堅持常態，班上的程度落差這麼大，老師也不知道到底要怎麼教才好，結果不只後面的同學拉不起來，就連前面的同學也被犧牲掉了……」

蔡國良心想：「又是這一套理論，你們這些家長心裡只有自己的小孩，都不管別人小孩的死活。假設妳的小孩上不了潛能班，我就不相信妳還會支持分班的做法。」但是算了，現在不是討論這些的時候。蔡國良又說：「唉啊！李姐，妳誤會了，我剛剛才到教務處向主任表態說我支持分班。其實我覺得大家都誤會我了，我哪有能力去反對學校的政策呢？只是我常常在提生活常規的問題。不管分班、分組還是常態，學生的生活常規絕對不能掉，這也是大家該努力以及正視的問題啊！」

蔡國良看著李寶珠兩個眼睛瞪得像個大眼蛙一樣，再度證實他的猜測沒錯，大家都把分班的阻力賴到他的身上。接著，李寶珠又說：「是嘛！其實真的應該分班才是最能夠照顧到學生的方法，雖然後段班的同學會比較難帶，但是只要老師們都能夠以大局為重，大家各自盡力，又有什麼生活常規會變差的問題呢？」

蔡國良心想：「又要叫別人去死！是啊！分班之後的好處都被你們搜刮完了，然後壞處就要我們幫忙收拾。好啊！如果支持分班的老師都去上後段班，那我就沒話說了。」話又說回來，和這種沒有邏輯觀念的人談話是很辛苦的事。蔡國良不想再和她閒扯下去了，只是拜託李寶珠幫他闢謠，交代幾句就離開了。

放學後，蔡國良的情緒還是無法平靜，於是就來找我聊天了。他說他並不想再討論分班的問題了，只是不能理解一件事：就算他早就已經失望透頂不再講話了，為什麼大家還是把他當成目標，覺得他好像一定有搞什麼地下組織來反對學校的政策，這是為什麼呢？

故事背後

詹斯（Jones）等人曾經設計一個類似百萬大問答的遊戲，並且請許多人在旁邊觀看。他們操弄的過程是讓第一組的人在前半段多數答對，後半段僅答對少數；第二組的人則是在前半段少數答對，在後半段則多數答對；但兩組人其實都是在三十題問題中答對十五題。兩組的人隨機、交錯出現；比賽完後詢問旁觀者對這些人的看法，以及回憶他們答對的題數。結果大家普遍認為第一組的人比較聰明，大約答題十八題以上；而第二組的人比較笨，大概不到十三題。

這個實驗提供了我們一個有趣的認知，原來就算是相同的訊息，只要呈現的時間不同，結果也會不一樣。研究進一步討論，認為導致初始訊息之所以重要的可能性或許來自以下三點：（1）人們總會有先入為主的觀念；（2）大家往往會以先前的訊息來解讀後者發生的現象；（3）先發生的事情總是比較容易記住。

在上述的故事中，蔡老師在抱怨他都已經有一段時間不公開講話了，為什麼學校只要出了事情，總是習慣把矛頭對準他？這恐怕是因為他早期發言次數的頻率或是強度太過突顯，已經在他人的腦海裡留下了鮮明的印象，所以就算後來都不再發言了，只要之後沒有比他當年更加突顯的例子來取代大家腦海裡的印象，當問題發生的時候，大家還是很容易在腦海裡搜尋到他的名字。

在哲學上也有一個類似初始效應的現象。請大家想像有一個老師要去上課，途中正好被某個同學叫住，說有一些心事想和他討論。這個同學滿臉憂鬱的模樣，不斷強調如果老師不能「立即」陪他聊天的話，他就打算找地方割腕自殺了。老師基於愛護同學、關懷生命的心情留下來陪學生稍微聊了一下，竟因此耽誤了上課的時間達二十分之久。到了教室，同學們已經開始鼓譟，老師於是滿臉歉意地向同學道歉並且說明經過，同學們也就不表示什麼了。又一次，同樣的事情再發生，老師又再度因為陪同學聊天而遲到，班上等待的同學顯得比上次還要不耐煩，但是仍然原諒了老師的遲到。再一次、又一次、又再一次，同樣的事情發生多次之後（這只是哲學問題，不要思考太多細節），班上的同學終於一狀告到校長處，於是該老師被校長約談。雖然校長也能接受老師的說法，但是很鄭重地表示希望不會再有下一次，否則只好提出處分了。

好了，這一天該老師要上課的途中又被學生攔下來了，這個老師會不會不管學生憂鬱的心情而去上課？或是不理會校長的警告繼續陪著學生聊天？讓我們假設這個老師只能做二選一的決定（再次強調，只是哲學問題，不要想太多），這個老師會如何決定呢？其實還是會留下來的。因為一般人在下第一次道德判斷的時候，就已經包含了他的價值觀，這種東西不是那麼容易可以被威脅而改變的。

除了印象的初始訊息的重要性之外，一般人也會從某人一開始的作為，推測他的價值判斷，然後認定他就是怎麼樣的一個人。雖然蔡國良到後來都不講話了，但是他是怎麼樣的一個人這樣的刻板印象是不會變的。說了這麼多，我其實想要告訴某一些很「黑」的人，不要以為不講話就可以「漂白」，除非真正做出許多違背自己價值觀的舉動（這種舉動很可能讓自己遭受良心的譴責），否則別人對你的印象是不會變的。我也不建議那些很黑的人去做漂白的動作，因為很可能會徒勞無功，倒是覺得這些人應該堅持心中的正義，就好像以前「科學小飛俠」說的，正義終究會戰勝邪惡。

對於蔡國良的例子，我覺得還應該考慮到印象的負性效應（negativity effect）。根據波利安娜原則（Pollyanna Principle），人們傾向對他人做正向的評估。例如問人：「你覺得某某人怎麼樣？」答案通常是：「不錯啊！」「還可以啦！」至少不太會出現負面的評語，這是因為人們期望能夠被「好的」人、事、物所包圍。也因為這個原則的存在，一旦某個人出現負面訊息的時候，對這個負面的訊息往往會被擴大來看待，結果，一個缺點的發現，極有可能掩蓋掉九個優點的存在。

所謂的「負面訊息」其實是非常主觀的看法。某人的行為若是讓另一個人感到厭惡，他就會認為這個人是壞人。這裡面包含了兩點的意義：首先是理性層面，某人的行為到底是對或錯，在進入價值的主觀判斷之前，還應該要有理性的思考過程。雖然這個世界並沒有絕對的真理，但是至少有基本的普世價值、是非觀念的存在，不應該動不動就把議題模糊成「每個人都有自己的想法」。我覺得有些人明明就想一意孤行，又為了避免他人做獨斷的聯想，刻意不把不同的意見付諸多數人討論，只是輕描淡寫地說：「雖然你的想法不錯，但是那只是你的個人意見……」然後再加一句：「歡迎下次再提供你的想法。」這種人真是無知而又專橫到極點。

其次是在感性的層面，這牽涉到當事人的修養問題。愈是有修養的人，愈會尊重每個人可以有不同的意見。可以不同意，但是不會去排擠，甚至還樂於從各種不同的想法中，綜合出一個最完善的方法。我想蔡國良並沒有遇到一個「對」的主任，所以他的「不同想法」通通被當成「負面訊息」來看待，然後就不斷地擴大，大到認為蔡國良就是一個惡劣的反叛分子，真是太遺憾了。

最後，說不定也可以從權謀論的角度來看待這個問題。大家都知道「殺雞儆猴」的意思，就是當有一群猴子想要蠢蠢欲動的時候，就殺一隻雞來嚇嚇那一群猴子，警告他們不要輕舉妄動。分班或分組的舉動，其實未必能得到多數老師的支持，為了避免反對者的意見集合成一股銳不可當的民意，勢必要在一開始的時候就下馬威。我很不忍心告訴蔡國良老師，他的投誠應該是沒有用的，因為人家的目的就是想要「殺雞立威」，怎能容許這一隻雞中途變卦而不死呢？換句話說，還要再去找另一隻雞來殺不是很麻煩嗎？

嗚呼哀哉！這也是我為什麼一直鼓勵大家堅守心中的正義。除非心中的正義從來沒有表現出來過，否則這已經是一條不歸路了。

20. 虛假的一致（false consensus）

場景

那一天，王聖芬老師在寫黑板時忽然聽到背後傳來一聲清脆的金屬撞擊聲，根據經驗，她馬上判斷出這是有同學在上課的時候剪指甲所發出的聲音。還沒回頭，光是靠著交叉比對從左右耳後的聽覺神經所傳送到大腦的訊息，她已經可以鎖定聲音大約是從什麼方位傳過來的。轉身，她將目光往那個方向看過去，果然發現那一區同學們起了一陣小小的騷動。同學們一定覺得老師不會注意到這些小動作，卻不知道有經驗的老師專門在注意這些小動作。

王聖芬發現大家的眼神不約而同地瞄向一個男同學的身上，八九不離十，兇嫌已經在王聖芬的掌握之中。但是她並不想直接發脾氣，只是淡淡地說了一句：「上課的時候不要剪指甲。」又轉回去繼續寫黑板了。大約五秒過後，同一個方位，同樣的聲音再次出現。「唉！」王聖芬心想：「現在的學生就是這樣，自己笨就以為身邊的人都一樣笨，剛剛已經瞪了一眼暗示了，還是不知道要收斂。」這次王老師不能再客氣了，回頭再確認一次，沒錯！還是同一個人。於是她大聲地說：「陳志強，我說的就是你，上課的時候不要剪指甲。」陳同學完全不甘示弱，大聲地回應：「我都已經剪到一半了，有人剪指甲剪到一半的嗎？」

王聖芬愣了一會兒，完全沒料到會有這樣的反應，當回過神再繼續要求的時候，陳志強乾脆連理都不理。就只是一瞬間罷了，王老師心中設想了許多的可能：「要不要和同學直接起衝突？」「起衝突後的情形會如何演變？」「問題是不是要馬上處理？」「有沒有能力壓制住這個同學的態度？」「要在教室處理還是到辦公室處理？」「其他同學站在哪一邊？」「要自己來還是請學務處幫忙？」「距離下課還有幾分鐘？」一陣心念電轉之後，王老師終於決定策略：請班長到學務處找幫手。這個動作引發陳同學更大的敵意，接著，一連串罵人的字眼就出現了，但王老師下定主意不理會他的挑釁。不多久，生輔組長過來了，陳志強完全沒有停止叫囂的意思，「白痴」、「機車」、「王八蛋」、「幹」、「老師了不起啊」、「屌什麼屌啊」……。王聖芬努力地克制自己不可以有所回應，一方面是自己已經決定要交給學務處處理了，二方面也是怕落入學生的圈套當中。因為社會總是要求老師要有無限的包容，只要老師發了脾氣，是非就不重要了，因為老師是不被允許發脾氣的。

王聖芬向組長苦笑了一下，拜託組長把這個學生帶到學務處處理，但是卻訝異地發現陳志強嘴角的微笑，臨走前還對班上同學做了一個鬼臉。「就快要被帶走了，居然還一副嬉皮笑臉的樣子？」下課後，王老師繞到學務處詢問事情處理的經過，路上剛好遇到陳志強要回班上，非但沒有悔改之意，還在擦身而過的瞬間對王老師比出中指。進到學務處，組長表示已經請導師連絡家長，剛剛也有罵過學生了，學生一定已經知道自己的不對了。「知錯？」王老師心想：「那剛剛那一根中指是怎麼一回事？」

王老師繼續追問還有沒有什麼處罰？主任在一旁就說：「是的，像他這樣對老師不禮貌，按照校規，我們會給他記兩支小過。」

「兩支小過？」王老師感覺心裡好像有某一條理智的神經斷了，她大聲地咆哮，把剛剛陳志強對她比中指的情形又說了一遍，然後說：「姑且不論小過兩支到底嚴不嚴重，以他剛才的態度，根本是完全沒有受到教訓，也完全不認為自己有錯，這種處罰到底算什麼啊？而且，為什麼才只有兩次小過而已呢？」

主任被王老師的聲勢嚇了一跳，從標準「公事公辦」的態度轉為客氣地說：「是這樣的，依據規定，要記到大過以上還要召開懲戒會議，這樣太麻煩了。如果王老師不滿意的話，明天我們找其他事件，再補他一支小過好了，反正三支小過等於一支大過，意思是一樣的嘛！」

王老師感到大腦在膨脹當中，還不太能夠消化主任所說的這一番話的意思。這時候三班的導師錢欣蓉進來了，「報告主任，剛剛我已經和陳志強的家長通過電話了，但是我才剛講了兩句，對方就已經把電話掛掉了。最近差不多都是這樣，大多數是找不到人，要不然就是好不容易打通之後家長不接電話，再不然就是像剛剛那樣不小心接了電話，還沒講上兩句就斷線了。我記得在上次還算有講到話的通話中，家長一直強調孩子發生事情是在學校，而學校發生的事情他又沒看到，也不知道到底真實的情形是怎樣。他強調他不是不相信老師，但是老師動不動就打電話去煩他，他已經快要受不了了。接著他也說了：又不是家長不教小孩，只是罵都罵了、打也打了，孩子硬是不改，他又能怎麼辦？」錢老師繼續說道：「家長已經說了，反正這個孩子他已經管不了也不想管了，看學校要怎樣就怎樣，他不會有意見啦！」

王聖芬聽得目瞪口呆，但是主任和組長卻好像已經很習慣了一樣。錢老師繼續發牢騷：「現在到底要老師怎麼辦啊？老師什麼權力都沒有，學生也不把老師當一回事，打電話向家長反映，家長還不是又把問題推回來給學校。大家都不想處理問題，那乾脆把眼睛閉起來當作沒有問題發生算了……」組長在旁邊接著問：「妳有沒有說學校希望他能夠把孩子帶回家管教呢？」錢老師回答：「說啦！家長說他每天都要上班，沒有空把孩子帶在身邊，所以他是不可能會主動幫孩子請假在家的。學校如果要強制執行的話，家長迫於無奈只好把孩子接回家，但是他也會去向教育局請教，看學校這樣子的舉動是不是合法……」

眼看事情大概不會有什麼結果，王老師憋著一肚子的氣回辦公室說給其他同事聽。不用說，大家又一起發了一陣子的脾氣。

「這太過分了吧！老師在班上遭受學生這樣的羞辱，學生才只能記兩支不痛不癢的小過，那這樣以後我們乾脆都不要管算了，省得自己丟臉。」

「你說到這我才想到，上次不是八班的謝老師在上課時被學生推倒在地嗎？後來好像也沒有看到什麼嚴重的處罰。」

「唉呀！妳也不要這樣說，學務處也有學務處的困難，這是現在教育的悲哀，整個法令把老師都綁得死死的，這又有什麼辦法？」

「沒有辦法？那不是說我們大家都只好『日頭赤焰焰，隨人顧性命』嗎？前幾個月辦公室遭小偷，學校也是說沒辦法，叫我們自己要隨身看好貴重物品，還說自己的抽屜一定要記得上鎖，這算是什麼不負責任的態度啊！」

「嗯……老實說，我在想如果我去當學務主任，八成也是想不出什麼辦法，我們也不要太苛責學務處了。」

「想不出辦法是真的沒有辦法可以想，還是只是你想不出來而已？到底在『想辦法』這件事上，做了多少的努力？」教數學的周老師是辦公室最資深的老師，看著大家愈討論愈激烈，好像是要出來做總結了。「有的時候覺得當導師是最可憐的，當我們在班級上遇到困難的時候，理論上應該是要向上反映，結果上面的主任也只是一句：『現在社會就是這樣，我也沒有辦法。』就把問題又都丟回來了。好了，主任可以說沒有辦法，導師可以這麼說嗎？問題還不是每天要面對。最好笑的是還說什麼：『要不然你有辦法，你就說出來啊！』奇怪了，我只是一個導師而已，又沒有領行政加給，也沒有減課。又要照顧班級，又要幫主任想辦法，這種官也太好當了吧！所以我說啊！乾脆大家一起來擺爛好了，看最後到底是誰會倒楣出事……」

聽完周老師的「高談闊論」，王聖芬還是覺得不妥，於是隔天一大早就約了校長一起聊天。她把遭遇的問題和心裡的疑慮一併請教校長。校長皺著眉頭聽完王聖芬的敘述，語重心長地說：「你們的辛苦我都知道，但是這也是沒有辦法的事啊！我以前也待過中崙、寶城國中，他們那邊的狀況比這裡還要更嚴重。要不然妳再去竹林、莊敬、中正那些和我們規模差不多的學校看看，有哪一個學校沒有問題的……」王老師聽了好灰心，她抱著最後一絲的希望說：「有沒有可能，或許大多數都是有問題的學校，但是至少有一、兩間學校是有解決辦法的，可以讓我們去效法、學習一下？」校長斬釘截鐵地說：「沒有，現在全國都是這個樣子，沒有什麼辦法好想了。」

故事背後

人們總是會把自己的行為想成是典型的行為，認為自己既然這麼做了，別人也應該都會這麼做才對。這種把自己的行為誇大為所有人的普遍性行為的現象，就稱為「虛假的一致」。

羅斯（Ross）曾與其他人一起在大學裡進行一項研究。他們訪問大學生是否願意掛一個廣告看板在校園裡走三十分鐘？大約可以有十元美金的酬勞。不管受訪者的回答是「是」或「否」，都繼續問他下一個問題：「請問別人是否願意做同一件事？」結果發現，願意做這個實驗的人，會猜測其他有 2/3 的人也願意做同樣的實驗；不願意做這個實驗的人，會猜測其他有 2/3 的人也不願意做同樣的實驗。大家總會傾向認為：別人的想法，應該都和自己差不多吧！

校園文化的確在改變之中，老師過去所擁有的權威已經不再被容許了；有些人會去批評這是因為某些特定團體的攻擊，或是媒體偏差的報導所造成的現象。但是我卻不這麼以為，我認為這是整個文化進步所必然出現的結果。說「進步」可能會被人誤會，以為進步一定要朝向「好」的那一個方向發展。那麼或許把它說是「改變」

比較適合吧！文化的改變是無時無刻不在發生的，改變的結果或許並不如我們的預期，然而「好」、「壞」這種價值觀的判斷本來就沒有一定的準則。若是因為文化的改變不是我們想要的，就極力地想要抗拒，阻止它的發生，結果只是如螳臂擋車，落得粉身碎骨的下場罷了。倒不如早早認清時代巨輪的變化，趁早學習如何適應新的世代來得有意義。

在上面的故事中，大家很容易就看到故事的重點：不管是老師、主任還是校長，大家都無奈於校園文化的改變，而且僅能做消極的抵抗。但是這種消極的抵抗又如何？到最後只是讓問題更加地惡化罷了。我倒是想要重新強調一下那位周老師講的話：「想不出辦法是真的沒有辦法可以想，還是只是沒有想出來而已？到底在『想辦法』這件事上，做了多少的努力？」我一直覺得要說出「做不到」三個字非常簡單，但是我們真的能夠承受「做不到」之後的後果嗎？

「完全沒有辦法可想」和「現在還沒有找到辦法」這兩者是非常不同的想法。如果我們肯定了前者，那麼的確可以為眼前的困境得到些許的安慰，於是我們告訴自己：「雖然我的日子不好過，但是反正別人的日子也一樣不好過，而且根本沒有所謂好過的日子，那麼我現在這麼不好過的日子，似乎也就沒有那麼不好過了。」真的是這樣嗎？然而，如果我們肯定的是後者，那麼就可以得到以下的結論：「雖然現在的日子不好過，我們也的確還沒有想到要怎麼好過。但是，只要繼續努力下去，我們的日子遲早會變得好過。」這兩種思維到底哪一種比較好呢？

故事中還有許多小細節值得討論。為什麼陳志強在公然辱罵師長之後，可以表現得這麼不在乎呢？難道他真的不知道自己的行為是錯誤的嗎？我對這種說法持保留態度。我的看法是：他的確知道他正在違反校規，但是他無所謂，因為他心中有更崇高的行為動機，足以讓他藐視校規的存在。是什麼呢？因為他討厭王老師，所以他會覺得班上同學都討厭王老師。挑戰王老師的舉動其實不只是為了自己，更是為了替全班同學出一口鳥氣。換句話說，在他心目中其實是認為自己在「替天行道」。

這是另一個「虛假的一致」的現象。當有一個同學（a 同學）討厭某個老師（A 老師）的時候，他會利用聊天的機會，對其他同學（b 同學）表示他對 A 老師的厭惡。 b 同學對 A 老師是否也有相同的厭惡感是不可知的，但是就算 b 同學心中並不討厭 A 老師，也很難直接對 a 同學表明立場，說 A 老師其實並不會那麼可惡。 b 同學會用比較中性的字眼來回應 a 同學對 A 老師的批評（不要說學生，幾乎所有人都會用相同的方式來應對）。然而這種中性的字眼卻會被 a 同學解讀為：「對，我們的意見是一致的， A 老師果然就是很令人討厭。」這時候問題來了， a 同學開始在心裡想著：「既然大家都這麼討厭那個老師，為什麼沒有人會去找那個老師的麻煩呢？八成是因為大家都怕事吧！好，那麼我就來替大家出一出這口惡氣。」

所以他在被組長帶走時還可以嬉皮笑臉，在處罰完之後還可以對王老師比出中指。他知道他是錯的，但是他也「以為」他這麼做可以贏得班上多數同學的尊敬。

這種現象其實常常發生，很多同學都誤以為「民意」在他那一邊，所以和老師嗆聲的時候總是理直氣壯。建議老師在面對班級的時候，應該常常利用一些表決、投票、闡述意見等動作，來讓同學們知道他的想法可能不是多數人的想法，而且班上的民意其實是在老師身上，而不是在某個學生身上。這樣可以讓那些同學的氣焰消減不少，也替老師省掉許多的麻煩。

另一個小細節是：當老師對家長反映孩子在學校的情形時，我相信老師並沒有那個意思希望家長回家後要痛打小孩一頓，但是家長總是會覺得痛打一頓是應該、必須而且「唯一」可以做的對策。尤其是那些會打小孩的家長，一定覺得每家都在打小孩，別人的小孩比較乖，大概是他的家長打得比較兇的緣故。當然，家長一開始都會好好溝通，但是老師告狀的電話多接幾次之後，嘴巴的溝通就會變成拳頭的溝通；拳頭的溝通又無效之後，幾乎就等於無能為力了。這又是另一種「虛假的一致」。

或許家長會想：「如果說也沒效，打也沒效，那麼又有什麼方法可以用呢？」我想要修正一下上述「打也沒效」這句話的說法，因為光靠打，從來就沒有有效過。問題出在「說」這個字。溝通是有很多方法的，但是多數人的溝通只是想要對方接受自己的想法，這種溝通當然沒效。至於什麼才是有效的溝通，這就要靠家長自己不斷地進修了。多看書、多聽演講，才不會犯了溝通上的毛病還不自知。

虛假的一致還表現在許多地方，或許簡單地介紹幾個吧！

第一，某老師可能因為自己一路求學之路順遂，就覺得自己曾經走過的這一條路才是唯一的路，於是強迫學生要認真讀書，只有考上好學校才會有好前途。也或許是他當了老師之後才開始思考老師的責任，並且得到「老師就是讓學生能考試得高分」這樣的結論。同時，他相信其他老師一定也和他有相同的看法，所以當他利用下課時間、放學時間把學生叫到辦公室來看書、寫罰寫，他會認為這麼做是合情合理的，說不定還會認為不這麼做的老師就是不認真的老師。卻忘了辦公室是所有老師「公共」的場所，不見得每個老師都願意接受他這樣子的教學方式，他其實已經侵犯了他人的生活領域。

第二，某老師以前帶班時總是用教鞭來督促學生，以前的學生也真的能夠考到好成績，甚至在畢了業之後還回來感謝他，他就以為使用教鞭是最好而且是唯一的班級經營方式。還會告訴自己：「雖然現在學生恨我，但是以後他們就會感謝我。」就算有人勸告他現在是不能體罰學生的年代，他反而對此嗤之以鼻，認為那些人只是單純地「怕被家長告」，根本就不能算是認真的老師。卻沒有想到別人可能真的找到了一個更優質的班級經營方式。

第三，某同學參加外面的補習班，常常在學校放學之後，在街上隨便買個麵包暫時止飢就繼續上課到九點。補習結束回到家洗個澡、吃個宵夜，接下來還有一大堆的功課在等著他，但是他不以為苦，因為他覺得其他同學也都和他一樣在受苦，這是身為國中生「必經」的階段。而且如果不這麼受難的話，就表示自甘墮落，成績必定會一落千丈。卻忘了補習是一種補救教學，應該是哪一科有需要才補哪一科，更重要的，補習絕對不應該補到讓自己根本沒有時間喘氣，只有吸收而沒有消化，結果只是在身體轉一圈又排出去罷了，又浪費錢又傷身。

第四，某同學喜歡和 a 同學在一起，就以為所有人都喜歡和 a 同學在一起，結果刻意做一些小手段來離間任何想和 a 同學在一起的同學，以免分散掉 a 同學對他的感情。卻沒想到他心目中的寶貝，在別人眼中可能根本不屑一顧，一大堆的小動作只是把 a 同學和自己畫在一個小框框裡出不來罷了。

我自己也有一個有趣的例子。話說我的第一本書《逃學老師》出版之後，我當然很希望它能夠得到多數人的共鳴。有一天上網隨意地搜尋了「逃學老師」這個詞，發現果然有一些人在討論它（還好都是正面的比較多），其中有一個說：據說這本書已經在台灣「大賣」……看到這樣的句子，我在電腦前可開心了，不過這好像和事實有出入，至少在當時還稱不上「大賣」吧！喜歡我的書的人以為別人都會喜歡我的書，這好像也是一種「虛假的一致」。就以這本書來說吧！我當然對我的書有信心，相信（至少是希望）它一定會在市場上獲得大家的青睞，但是每個人都有自己的價值觀，我覺得「好」的東西，別人可能覺得「不好」。感謝那位支持我的網友，我在情感上百分之百支持你的觀點，認為如果沒有「大賣」的話，一定不是因為書不好看，而是因為書沒有被看到。

最有名的例子可能是來自莊子的一則故事。莊子的好朋友惠施到魏國做了宰相，當莊子到各國遊學的時候特別繞到魏國想要和老朋友打個招呼，但是惠施心想莊子的才智、能力都勝過他不少，到了魏國恐怕是想要奪他的相位，於是躲了好幾天不敢和莊子相見，也不敢將莊子引薦給魏王。為此，莊子說了一則鳳凰的故事來影射惠施的偏見，他說：「一隻鳳凰南飛的時候，沒有遇到梧桐樹的枝幹就不會停下來休息，沒有看到甘冽的醴泉也不會停下來喝水。一隻烏鴉在地上吃著腐肉的時候，看到鳳凰在天上飛過，還以為鳳凰想要搶牠的肉吃，拼命對著鳳凰亂叫，卻沒想到像鳳凰這麼高貴的鳥中之王，根本就不屑吃這些腐肉。」莊子以四兩撥千金的方法化解了這種「自以為是」的想法，但是在現實生活中，有多少「自以為是」的想法卻埋葬了事情的真相，抹殺了問題解決的可能性呢？

21. 服從（obedience）

場景

「同學們，今天是學期末的最後一天了，有一些事情，我想若是現在沒有說，以後說不定也不會有機會說了。大家也都知道，我對分班的立場是什麼，我個人堅決反對分班，但是一個人的力量實在有限，以我現在得到的訊息來說，明年大概分班是分定了。放完暑假回來，我也不知道你們還剩下幾個人在這個班上。今天，請大家不要再把我當成老師，就當作是一個大哥哥好了。我想我沒有辦法再繼續保護你們了，但是不管你們開學後被分到哪個班，大家都在同一個學校，我歡迎你們再回來找我，也希望你們能夠持續保持上進的心。不管你們在哪一個班，不管你們以後的老師是誰，要知道，讀書是為了自己，如果你不喜歡現在身邊的環境，那麼就更應該認真地讀書，想辦法脫離現在的環境。在努力的過程中，希望大家還是能保持神智的清醒，不要被現在這種惡質的競爭文化所同化……」

說話的人是林冠銘老師，在期末的結業式之後，他特地把學生留下來談了這一席話。說完，他也忍不住雙眼泛著淚光地離開了。其實，他心裡想的，他親身所遭遇的，遠比可以對學生說出口的內容多太多了，只是他不知道該如何開口。他懷疑學生能夠感受到他的壓力？他也懷疑把這種壓力讓學生知道是否妥當？然而不說嗎，又有誰能夠知道呢？一段時間之後，這些同學再被其他老師洗腦，自己的愛心又變得一無是處了。是的，這兩年和這一班的學生相處很愉快，但是他也很清楚學生對情感的連繫並不是那麼堅定。雖然剛剛說大家都還是在同一個學校，只要想，隨時都可以回來找他，然而，兩個月的暑假就已經可以把感情沖淡大部分了，再加上開學之後還要適應新班級、新老師，哪裡會有同學真的回來找他呢？話又說回來，同學們也要面對未來，怎麼可以一直在緬懷過去呢？

林冠銘坐進車子裡，卻沒有想到要發動車子，仍然只是在駕駛座發呆，他很納悶自己為什麼會落到這樣的處境之中。前些天才聽說有人把他的假單藏了起來，打算給他冠上一個「曠職」的罪名。哼！真虧他們想得出來，連這種荒謬的手段都敢做。還說幾位支持分班的老師們，夥同教務主任一起到校長室密商要用什麼方法才可以把他趕出這個學校，以免造成學校的負擔。唉！他嘆了一口氣，到底為什麼會變成這樣呢？想起自己以前求學的時代，一路上也都是待在前段班裡啊！為什麼要反對分班呢？

發動車子，他緩緩地往回家的路上前進，這一條路同樣也是他第一年要初為人師的時候所經過的路。他回憶起他在這條路上，即將當老師的興奮。「那時候到底在興奮什麼呢？」接著他的腦海裡又浮現了這幾年教書的場景，他看到前段班同學眼神裡的焦躁、無奈，也看到後段班同學眼神裡的忿恨、空虛。他懷疑自己學生時代是否也是相同的眼神呢？印象中好像沒有，或許是因為讀書對他來說從來不是壓力吧！學生時代的他不瞭解其他同學讀書讀得這麼痛苦，現在當了老師，又怎麼能夠對這些眼神視而不見呢？

開著，開著，腦海中又自然地浮現出那些對他不利的傳言：「上課不認真，整堂課都在和學生聊天，要不然就是放影片給學生看」「班上的掃地工作都沒有在監督，放任學生根本連掃地工作都不做」「因為自己沒有教到前段班，就要求學校不可以分班」「自己不認真教書就算了，還要把學校一起拖下水」「……」唉！他再嘆了一口氣。其實他不是很關心那些謠言的內容，這種東西只要當面對質就可以清楚了，自己坐得正，也不擔心別人怎麼說。但是他對於那些人如此搬弄是非，真的感到非常不能接受。剛開始是氣憤，怎麼可以這樣亂傳謠言？接下來則是不予理會，反正嘴巴長在他人身上，自己想管也管不著；最後則是沮喪，連老師都是這副德行，培養出來的學生會是什麼樣子呢？

想著，想著，學生那種空洞的眼神又再度來到他的眼前，他開始面臨掙扎了，到底要不要繼續堅持快樂學習呢？可是堅持又怎麼樣，事實已經證明，他一個人是不可能成功的。他不禁想到其他老師。是的，的確有一些老師認為在學生時代，如果沒有把他們的成績逼出來，就是對不起學生以及他們的家長。如果這是他們的價值觀，那麼的確沒有什麼好說的。但是這會是多數老師的想法嗎？難道沒有其他老師看到學生眼神中那種無言的求救嗎？

林冠銘伸手拍了一下額頭，想要把腦袋裡那些煩人的念頭拍掉，當他把注意力再度放回眼前的道路時，卻發現不知道什麼時候已經迷路了。算了！他心想，就這樣隨著它亂開吧！看它到底要把我帶到什麼地方。

故事背後

我記得李家同教授在他的《幕永不落下》這本書裡寫了一則「懼童症」的故事。故事描述一個日本的學者，年輕的時候參加南京大屠殺，當時在戰爭中不是我殺人，就是人殺我，所以殺人是一個常態，就算面對可以不殺的小孩子，刺刀也是毫不猶豫地穿進孩童的身體。但是當戰爭結束，他終於從那種變態的氣氛中醒過來的時候，公園裡天真活潑的孩子們，居然一個個成了奪命的厲鬼。他沒有辦法原諒自己當年的罪行，連帶地，變得無法和任何一個可愛的小孩接近。我在看這個故事的時候，就覺得不管當時的背景是多麼地合理，只要日後體認到自己做錯事的時候，心裡的壓力絕對是沒有辦法那麼容易消除的。

如果明知道是錯的事情，人們會不會因為長官的命令而去做呢？二次大戰之後，國際法庭在審判納粹科學家，質問他們為什麼會做出如此不人道的實驗時，科學家們異口同聲地回答：「我們只不過是聽命行事。」大家很不能理解一個受到這麼高知識訓練的人，為什麼會如此盲目地聽從權威的擺弄。後來，有研究指出在醫院服務的護士們，也有類似服從的現象。假設醫生開給護士的處方裡，要求護士注射某種藥劑 5 cc，但是護士在以往的課本裡讀過，這種藥劑只要超過 3 cc就會有致命的危險，該怎麼辦呢？多數的護士會再向醫生確認一次，但是如果此時醫生仍然態度堅決地要他照做（可能來自疏忽，也可能來自專業的傲慢），護士會不會真的打這一針呢？結果發現，竟然有高達四成的護士真的會打下這致命的一針。

這個結果違反了我們的直覺思維，所以後續有許多人做類似的研究，例如米格蘭（Milgram）所做的「破壞性服從實驗」。他藉由報紙登廣告，找到一群自願者要來參與電擊與學習的實驗。實驗方法是一個人扮演老師，另一個人扮演學生，老師教導學生有關「配對」的學習，而且答錯就使用電擊來懲罰學生。大家都想要扮演老師，不過此時實驗者會指派其中一名當學生的角色，表面上是隨機指派，實際上這一名要擔任學生角色的人其實是一開始就安排好的演員。實驗開始，受試者（扮演老師）站在一台機器前面，機器上貼有標籤：

第一級，0～240伏特，由輕到強

第二級，255～300伏特，激烈

第三級，315～360伏特，極度激烈

第四級，375～420伏特，危險

第五級，435～　　，？？？？？？

實驗者就站在受試者的旁邊，他對他說電擊可以活化腦細胞，讓人們的記憶力變好（當然是騙人的），所以只要答錯就放心地電，不會有問題。

擔任學生的演員很快就被電了，而且電壓持續增加，120伏特時開始叫痛；150伏特開始抱怨；200伏特開始詛咒；270伏特開始掙扎；350伏特之後就開始歇斯底里地亂叫；400伏特以後就只有抽搐反應了。實驗過程中，受試者不斷以眼神向實驗者詢問，但是實驗者仍然很堅定地要求受試者繼續加強電壓。結果，100%的人會電到第一級，88%的人電到第二級，68%的人電到第三級，甚至有65%的人會電到第五級。

可怕吧！只要有一個權威者在旁邊告訴你：「做就是了！」人們居然會如此盲目地拋棄掉自己的道德認知，完全聽從這個權威者的要求。如果是在威權的時代，這種現象應該很常發生，而且多半也很好理解。但是現在已經是民主時代了，還會有這種事情發生嗎？唉！還是有的，不知道是因為中華民國只有近百年，民主的歷史太短；或是因為中國帝制五千年，集體潛意識對我們的影響太深，在各組織內，好像很難避免極權統治的現象。

不知道聽誰說過，大家都想當皇帝，但是如果只有一個人想當皇帝是絕對當不成皇帝的，一定要身邊有人自願當奴才，才會有皇帝的出現。而且，當奴才的人愈多，皇帝的位置就愈鞏固……這就很讓人感到疑惑了，當皇帝的人享盡榮華富貴，夢想坐在那個位置還算可以理解，怎麼會有人自願當奴才呢？我做了以下的猜測。假設把全天下的財富均勻分配之後，每個人都可以分得一百元，過著中上的生活；但是就是有些人不甘心過得和別人一樣，所以他們拱了一個皇帝出來，把天下 90% 的財富搜括一空，於是每個人只剩下十元；而這些奴才因為幫著當狗腿，所以可以分得八十元。怎麼樣，比別人多了八倍，很不錯吧！但是他其實也是少了二十元；可見這些奴才的腦袋真的不太清楚。

好吧！我們不要再講什麼奴才的問題，說不定他們只是因為價值觀相近，所以才會集合在一起。但是對於價值觀不同的人，他們是如何處理的呢？有一次我參加桃園縣教師會辦的一場研習，會後大家在聊天，才發現每個人都各有各自的委屈，說起來都是一篇篇的故事。我還開玩笑地說全國教師會真的應該要改名字，要叫作

「全國教師受難者協會」才對。說起來，大多數的人好像都是遭到校長的迫害，但是我認為只有校長是不足以達到迫害的效果的，學校裡一定還有一群人附和（甚至是揣測）校長的意見，才會對當事人形成一股強大的壓力。那麼其他人為什麼會做出這種迫害同事的行為呢？這是不是來自「服從」的現象？

寫這篇文章的時候，我剛好每天晚上都守在電視機前面，看著公視改編自侯文詠的同名小說《危險心靈》，我不知道其他觀眾都怎麼看這齣戲，但是我真的看到學生們那種掙扎的情感，然後總是自問：「難道這種掙扎是人生必經的過程嗎？」「難道那些掙扎過而且存活下來的人才算成功嗎？那麼，失敗的人又將何去何從呢？」

教改走到這一個地步，雖然我很心疼所有老師們的處境，但是我仍然必須承認：「老師們是有責任的！」我不會說教改是因為老師們不夠認真而失敗，然而老師們在看到政策出錯之後仍然默不作聲，就值得被批判。

我真心相信沒有人會故意為惡，所以一切的事情都源自於價值觀的差異。然而價值觀並不是一個恆久不變的真理，如果大家懂得尊重每個人的想法，那是最好不過了。但是若是用盡各種手段來迫害其他「異己」，事過境遷之後，內心一定會後悔不已。不要說這些排除異己的舉動是來自本身的念頭，若是只因單純地服從於上級的指示，自己不願意去思考「對」與「錯」的問題，到後來一定會遭到更大的悔恨。

在米格蘭的研究中，該怎麼抗拒這種破壞性服從的現象呢？有幾點值得在「事前」告知當事人。第一，告訴當事人，出事自行負責。其實一向如此，沒有人會因為「是別人叫我去殺人的」就被宣判無罪，只是這種常識有沒有被說出口會差很多。第二，提供「不服從的楷模」。如果能夠讓當事人知道有別人能夠在類似的情境中，擺脫權威的掌控，比較容易讓當事人勇於做自己。第三，告訴當事人：「人很容易受權威的影響而盲從」，這樣他才會有機會去思考自己是不是也落入盲從的迷思之中。

我需要很大的勇氣才能夠寫出這一篇文章，因為它的內容是很嚴厲的指控，希望是我把問題看得太嚴重了，就當我是在杞人憂天好了，但是上述的三點警告本來就是要在「事前」告知。

22. 認知失調理論（cognitive dissonance theory）

場景

這個故事要接續自〈印象的初始訊息〉那一篇故事的一年之後。那一天大約是六月十號前後，正是國中第一次基本學力測驗的成績放榜的時候。我的朋友蔡國良老師約我去喝下午茶，和我談到他們學校這一次考試的結果，以及他們學校現在詭異的氣氛。說實話，我一向沒有能力解決別人的問題，但是如果朋友藉著把話說出來就可以稍微抒解壓力的話，我倒是很樂意當別人的垃圾筒。

話說蔡國良老師向教務主任表態之後，教務處果然就順理成章地成立潛能班了。但是學校倒也不敢大張旗鼓地在學期末做下個學年度的規劃，而是利用暑假期間，私底下安排導師及任課老師。然後，到了三年級開學註冊的那一天，多數的老師及學生到學校之後才發現變天了：學校真的為了成立潛能班，而把所有十個班級的同學打散，重新來一場洗牌。

蔡國良倒是沒有表現得太過震驚，應該是說事先就已經心裡有數了吧！嘆了口氣往班級的教室走去，還好，班上的生面孔只有十來個，可是最得意的五虎將已經有三個不見了，其中還包括了陳依琳（到潛能班去了）。蔡國良沒有說什麼，照例在開學的時候選舉班級幹部，安排掃地區域的分配，然而他也看得出來，同學們一臉氣憤的表情，就像是被學校出賣了一樣。

接下來的一個學期，同學們像是豁出去了一般，上課睡覺已經不能夠算是違規了，因為比上課睡覺更嚴重、更破壞秩序的行為屢見不鮮。聽 MP3 、打手機、聊天、玩牌、下象棋、遲到二十分鐘、在教室內任意走動、射紙飛機……種種違規的行為層出不窮。任課老師招架不住了，一個一個地往學務處送，然而學務處也沒有辦法處理這麼大量的違規同學，到後來都是處罰「桂河大橋」就算了事。有一些聰明的老師已經開始明哲保身，放任學生漠視生活常規，至於一些不太聰明的老師，還堅持上課秩序要有最基本的要求。然後，學校發生了一個事件。

事情發生在一個王老師的身上。那一天他在上課的時候，好不容易把所有的聲音都消弭（聽 MP3 或桌底下看漫畫、玩牌那種「靜音」的動作，他已經不管了），正回頭寫黑板的時候，後面忽然傳來手機鈴聲，王老師頭也不回地說了一句：「上課的時候請把手機關機。」然後就繼續抄黑板了。寫完板書，王老師回頭看到一幅驚奇的畫面：有同學正在講電話。天啊！藐視校規到這種地步，這怎麼能夠接受呢？王老師順手把一個板擦丟過去，正中學生拿著手機的左手，當場班上立刻爆發一場大戰：學生站起來幹譙老師，老師也不甘示弱地回罵，場面激烈地連隔壁班級的同學都圍過來看發生了什麼事。

不用說，場景馬上就移到學務處，主任及組長們極力地緩和雙方的情緒。當然，這件事是學生的錯在先，但是王老師後來處理的方式實在很不恰當，主任也擔心會有後續家長不理性的反應，所以急於想要請家長到校來協同處理。可惜學校再怎麼聯絡，就是找不到家長，只好要求該名同學回家通知家長明天到校一趟。當天，王老師放學回家的時候，卻發現他的輪胎被刺破了。他先是看到有一顆輪胎沒氣，心裡還期待著只是被放了氣，只要重新灌氣就好。但是到輪胎行後希望就破滅了，一道美刀工的傷痕，老闆說沒有辦法補，只能換一顆新輪胎了，還開玩笑地說：「你八成是亂停車，遭到人家的報復了吧！」

隔天，王老師到學務處找主任主持公道，主任說：「這個很困難吧！又沒有證據，也不能隨便誣賴是哪個學生做的事。」聽了這種說法，王老師只能在心裡淌血。

接著，主任告訴王老師，昨天那位同學的家長沒有時間到學校來，只能利用中午的休息時間，在公司附近的一間咖啡廳和老師進行溝通，主任邀請王老師能夠一同前去，畢竟他才是當事人。當天中午，主任帶著王老師一起到咖啡廳，主任告訴王老師，大家以和為貴。為了不讓王老師在陳述事情經過的時候，有太多情緒的表達，反而壞了溝通的氣氛，主任建議由他來幫忙講話就好。王老師答應了，席間主任也的確很認真地在解釋昨天的情況，希望為雙方都能留一些退路，不過對方家長表情冷淡，只是偶爾發出一些聲音，表示他還活著。最後，主任覺得應該差不多了吧！於是站起來請王老師和家長互相握一下手，表示這個事情到此為止。王老師雖然滿肚子的委屈，但是也只好站起來伸出手等著對方也釋出相同的善意，該家長緩緩地站起來，停了一秒後卻以迅雷不及掩耳的速度把桌上的一杯水往王老師的臉上潑，接著拋下一句：「這件事就這樣算了，下次給我小心一點。」

王老師第一時間只是呆住了，他先看到家長離去的背影，才看到主任一臉震驚的表情，接下來所有憤怒、羞愧的感覺同時湧上來，他沒有想到要哭，但是眼淚卻自動自發地滾下臉頰。主任也不知道該說什麼，隨口說了句：「對不起，我要先回學校處理事情了。」然後匆忙地離開。王老師下午並沒有回學校上課，印象中他好像在咖啡廳裡哭了很長的時間，然後迷迷糊糊地回到宿舍。

之後幾天王老師都沒有到學校上課，主任自動幫他請了病假。也不知道消息是怎麼傳出去的，但是這個事情就像是在校園裡投了一枚炸彈一般，不只助長了學生調皮搗蛋的氣焰，更是嚴重打擊了老師的士氣。大家說以後都不敢管學生做什麼了，就算是因為認真教學和學生起了衝突，學校也沒有辦法保護老師，那麼老師又該如何自處呢？

再說到那個潛能班吧！原本成立潛能班就是希望能夠有充分的時間來做完整的複習，他們果然也很拼，早在國二升國三的暑假就已經把第五冊（三上）的課程上完，三年級一開始就不斷地複習一、二年級的內容。每天都有小考，每個星期都有複習考，每個月還都安排一次模擬考。上學期就已經是這樣了，到了下學期考試變得更加頻繁，結果有不少同學開始覺得無法負荷，乾脆放棄不再準備，反正要考什麼隨便考，2B 鉛筆拿起來也是隨便畫。輔導主任在主管會報時反映：同學到輔導室求助的情形與日俱增；學務處也感到這些 A 段班的學生請假次數有變多的情形，有些是拉肚子，有些是嘔吐，還有什麼頭痛、精神恍惚等症狀都跑出來了。任課老師說學生心情變得浮動，雖然整天都坐在位子上，上課時也認真地盯著老師看，但是感覺眼神空洞，好像都在發呆一般。

這些都看在蔡國良的眼裡，但是他又能怎麼樣呢？事前早就反映過不知多少遍，甚至還多次找校長深談，希望校長能重視這樣的問題。升學率又如何？總不能把學生都變成行屍走肉吧！但是校長只是說他也有壓力，不只家長在看，升學率如果不好連縣長都要關心。

終於，一年的時間大家都熬了過來，馬上就要面臨決戰的時刻。不過蔡國良很觸人霉頭，在與同事閒聊的過程中總是說學校這一次的考試一定會很慘。他不是在預言，只是運用邏輯的歸納法做出一個合理的假設。六月十日，學測成績放榜，蔡國良不幸言中，PR 值在九十分以上（能考上第一志願）的只有五個，更有 46% 的同學，PR 值未達四十分。全縣要比這個分數還差的學校，大概就只在很偏遠、很偏遠的山裡了。

雖然結果很令人遺憾，但是蔡國良心想：「也好，這樣學校或許可以重新思考分班到底是不是一個有效的政策了。」意外地，蔡國良在學校還算交好的同事郭淑芬來找他，透露一個對他很不利的訊息。她說她不小心聽到教務處在討論這一次的挫敗，結果大家好像都把矛頭指向蔡老師，還請校長對蔡老師做出實際的懲處。

「蔡老師，我看你真的還是要收斂一些比較好，現在大家好像都把考試考不好的責任算到你的頭上了呢！」

「怎麼會和我有關係呢？那幾個 A 段班我都沒有上，也不是該班的導師，考不好和我有什麼關係啊？」

「他們說就是因為你一直唱衰，才會讓這次的考試考差。」

「天啊！我如果這麼厲害，乾脆去當什麼法師就好了，還待在學校當老師幹什麼？」

「理性上是這麼說沒錯，但是現在大家的情緒都很低迷，誰還會用大腦想事情啊？老實說，這都是因為你太愛提問題了，學生爛就給他爛嘛！你這樣一直強調，感覺好像就是被你唱衰的。」

「算了，不提這種無聊的話題，他們真敢給我考績乙等就來吧！話又說回來，那以後的分班怎麼辦？還會不會有資優班、潛能班這種東西啊？」

「有，怎麼會沒有？他們在討論的時候，李寶珠也在那邊一起參與討論。以後不要說資優班、潛能班要繼續辦下去，李寶珠還說就是因為潛能班太慢成班了，所以考試的結果才會不夠理想，建議學校應該在二年級的時候就要成立，而且為了保持同學的競爭力，最好是每一次段考後都可以重新調整，成績有被後段班的同學追過的，就要離開讓成績好的同學進來……」

「這些傢伙真是超級沒良心的，難道他們看不到學生的壓力到底有多大嗎？都已經快把學生逼瘋了，居然還說要再逼得更兇一些。」

「沒良心？我告訴你，在他們的口中你才是沒良心的老師。你小心一點，他們現在正打算找你的麻煩，隨便冠個『不配合行政』的帽子，你就準備吃不完兜著走了。」

「我才懶得理這種恐嚇，大不了就是考績乙等，賠個五、六萬的考績獎金而已。可是妳剛剛說到他們開的這個檢討會，這些人難道看不出來，一切都是生活常規垮掉所造成的結果，這一部分他們又要怎麼自圓其說呢？」

「這一點他們當然也想過了，但是大家說全縣的其他學校也都有問題學生，所以這項因素可以忽略不計。既然別的學校考得好，我們學校就沒道理考不好。說著說著，又把責任推到導師的身上，說是因為你們這些後段班的導師沒有盡好自己的本分，才會讓學生的常規變差，聽說下學期好像又要增訂一些規範來要求導師的工作內容。」

在咖啡廳裡，蔡國良愈說愈是激動，而我只能靜靜地坐在他的對面傾聽，我真的幫不上忙，但是倒很能體會他的心情。蔡國良一口氣把他的悶氣都說出來之後，身體往後一躺，把整個人埋在沙發裡，喃喃自語地說著：「原來，人們只願意看他想看到的事情。」

故事背後

說起人們怎麼面對「心想事不成」的問題，費斯汀格（Festinger）等人應該算是研究認知失調的先驅了。在一個觀察某神秘宗教的田野調查過程中，他提出了認知失調理論。該神秘宗教藉著散佈世界末日的訊息來吸引教眾，並且告訴大家，只有相信他們，他們的上帝才會保佑大家在世界末日來臨的時候，讓所有信徒都可以得到救贖。後來，教主宣布了一件重大消息，世界將在某年某月某日毀滅，而他們的上帝會在當天的零點，派遣太空船來把信徒們都帶走。這個消息在信徒之間造成非常大的效應，大家開始把握最後的時間，花光所有的積蓄，做完所有想做而還沒做的事情。然後，到了最後的幾天，大家陸陸續續地朝總部前進，等待飛碟的降臨。

那天晚上真是盛況空前，費斯汀格等人混在人群之中，盡可能地記錄當時發生的所有事情。時間開始倒數，群情也愈來愈激動，5、4、3、2、1，時間到；大家一路攀升到最高點的緊張情緒忽然鬆弛了下來，取而代之的是茫然以及無助，因為什麼事情都沒有發生。於是，「上帝也會遲到嗎？」「宇宙也有塞車嗎？」「會不會是日子記錯了？」「……」種種的臆測開始出現，並且也開始有少數的人陸陸續續地離開了。凌晨兩點，教主親自現身說法：「恭喜各位，不但我要恭喜各位，全人類也應該要感謝各位，根據我剛剛和上帝溝通的結果，上帝因為感念各位的誠心，已經決定不要毀滅這個世界了，請大家安心地回去吧！你們已經拯救了全世界。」

有人會相信這種笑話嗎？正在看這本書的讀者們一定會對教主的謊言嗤之以鼻，但是對當事人來說可完全不同了。後續發現，多數信徒們對宗教的狂熱程度變得更加堅定，因為他們真的以為自己的誠心感動了上帝，他們這個宗教挽救了一次世界末日。

由原本相信上帝會來，到後來發現上帝沒來，這個過程稱為「認知失調」。費斯汀格等人關心的是：「人們如何面對這樣的結果？」以上述那個神秘宗教的故事為例，信徒們可以選擇繼續相信，那麼原本的信念並沒有錯，自己的自尊並沒遭到打擊。也可以選擇不再相信，那麼就只好承認之前是被騙了，難免會聯想到自己以前真笨。研究發現，解釋的方式和維護自尊有很大的關係，為了維護自尊，大家往往會樂意再繼續被欺騙下去（很多詐騙集團其實就是運用這樣的心理在騙錢，而且是一次又一次的成功）。

在一開始的那個故事中，學校以及家長（李寶珠）的立場都是相信分班才是對學生最好的照顧，才能提升學校的升學率。此外，要讓學生考得好的不二法門就是多練習，所以要不斷地讓學生考試，用大量的考試來代替教學。再來，因為分班而衍生的學生生活常規的問題呢？這也是一個很標準的反應，當自己沒有辦法解決的時候，為了避免讓自己的自尊心低落，一定要想辦法把問題往外推。當問題不是自己的問題之後，不但可以避免自尊低落，還可以藉由指責他人的不是來達到提升自尊的目的，真是一舉兩得啊！

先談到不斷地複習考試是否能夠提升學生成績這件事，我想所有的專家學者都不會認同這種想法。但是很不幸，支持考試的部分老師以及家長們根本不管這些專家的意見，他們只想相信自己所相信的事。或許，如果教育部有心的話，不定時安排學者們多辦幾場演講或是公聽會，應該能夠逐步地讓整個社會的觀念扭轉過來。像公視常常有一些「公民眾議院」、「觀點 360」或「紀錄觀點」之類的節目，多做一些類似節目，或是利用置入性行銷的觀念把教改的理念安插到各個節目，久而久之，民眾也就能夠被教育成功了。但是以現在的做法來看，我好像感覺不到政府有打算做這方面的努力。

很符合「認知失調理論」的，當學校及家長發現他們這樣狠狠地烤（考）過學生之後，學生居然沒有冒出陣陣香氣（升學率提高），正常人應該會去思考是不是該試試別的方式，但是當事人卻只願意想「原來我的火力還不夠強大」。為此，我已經不能再多說什麼了，只好把希望寄託於玄學：聽說地獄是有第十九層的，這些人應該多關心身後事。

其次要提到分班之後，後段班學生如何照顧的問題。剛剛說了，學校會安排一些不聽話的老師去看管這些後段班的學生。這種班級好不好帶？當然不好帶，但是不好帶是導師的事，因為一開始大家的想法就已經認為：「只要導師盡心，後段班就不會有問題。」現在發現後段班果然出現問題，那麼就可以得出「導師不夠盡心」的結論。在這種邏輯下，合理的做法是「再施加壓力給導師」。請大家想像一個畫面好了，一個狠心的馬伕，雖然主人撥給他一百元購買飼料，但是他只拿了六十元買了一些比較次級的飼料，馬兒當然長不好、跑不快。為了掩飾自己的罪行，於是馬伕狠狠地鞭打馬匹，希望他們達到一百元飼料的水準。對於這種人，我也只能繼續做道德威脅：「第十九層地獄是存在的。」

好吧！忘了十九層地獄這回事，希望人們只是在無意間掉入了「認知失調」的陷阱當中。相信在看了這篇文章之後，那些被自己的想法所限制住的人可以重新而全面地思考問題，不會再被錯誤的觀念所綁死。

23. 團體迷思（group thinking）

場景

楊志華以「年級主任」的頭銜參加了一次擴大行政會報，與會的人有校長、各處室主任、各處室組長以及各年級的「年級主任」。「年級主任」其實只是一個掛名的頭銜，就是各年級的導師所推派的一個代表而已。老實說，這個「主任」一點權力都沒有，被校長找來一起開會，頂多也只是列席的功用。他當然可以在會議中發言，但是他更被期待擔任一個「背書」以及「訊息傳達者」的角色：一方面證實這個會議的結論是在學校老師「高度」的共識下得到的結果；二方面也是希望他能夠把會議的結果，第一時間傳達到各年級的導師辦公室。

那一次會議的主題是要討論資優班的招生簡章。這其實已經是第四屆的資優班了，簡章根本只需要沿用上一次的內容即可，只是因為最近新聞爆發了「中部四縣市資優班聯合招生」的事件，社會的輿論似乎已經開始在批評資優班的設立太過浮濫，讓校長、主任感到有點壓力，所以特別召開這個會議來聽聽大家的意見，是不是還要繼續招生。

一開始大家到會議室時，附近的人很自然地閒話家常，聊聊小孩、服裝、旅遊等等無關痛癢的議題。不久，等到教務主任看到校長也就座之後，就正式宣告會議開始，並且在公布了開會的主題之後，靜待大家發表意見。在座的老師們迅速地把頭低下來研讀手上僅僅兩、三百字的資料，整個會議室的溫度似乎在一瞬間下降了十度以上。

教務主任身為會議的主持人，只好先拋出幾句話：「是這樣子的，雖然最近全國為了資優班招生的問題吵得很兇，而且好像連教育部都出來說話了。但是老實說，像我們這種比較市郊的學校，如果沒有開設資優班，根本就不能把學生留下來，如果好學生留不下來的話，以後學校的運作就會更加困難，學生流失、減班、超額等問題，恐怕都不是我們樂見的結果……。」

又是一陣沉默。主任又接著講：「那麼，我們明年還是照舊分別成立數理及語文兩個資優班吧！」眼看著好像要定案了，楊志華終於忍不住跳出來講話：「資優班的成立其實會衍生出許多學生行為的問題，我們學校所在的地點又不是什麼大都會，一個年級不過才十個班而已就要成立兩個資優班，把那些稍微會讀書的學生都吸到那兩個資優班之後，剩下來的八個班根本就完全沒有人可以用，不僅老師上課帶不起來，連帶地使學生的生活常規都垮掉了，像這種問題又該怎麼辦呢？」

有人起頭之後似乎就比較敢發言了。生輔組長接下來說：「我覺得楊老師說的問題的確應該要注意，像我在校園巡視的時候，確實發現非資優班的班級表現得有點像以前的後段班。」

註冊組長說：「可是資優班的成立已經是一個趨勢了，看看我們附近的學校，除了那些一個年級只有三班、四班的小學校，幾乎沒有哪一所學校沒有成立資優班的。如果我們學校沒有資優班的話，可以想見一定會有很大量的學生流失到其他學校去。」

三年級的年級主任（他同時也是三年級資優班的導師之一）說：「我也覺得應該要繼續成立資優班。現在學生、家長的素質相差這麼大，如果沒有特別把這些還可以讀書的學生集中起來，到時候他們根本沒有辦法和外面的那些學生競爭。如果他有能力可以考上第一中學，卻因為我們沒有盡到應有的照顧，最後讓他考不上，我們不是會對不起這些學生嗎？」

整個話題被挑起之後，討論迅速熱絡起來，但是還是有過半數的老師並沒有表示任何的立場。眼看著一節課的開會時間就要結束了，支持與反對的意見似乎並沒有能達到共識。校長在這個時候講話了：「老實說，最近我也受到很大的壓力，很多家長打電話來詢問學校是不是要繼續辦資優班，還說如果學校不辦的話，他們就要帶著小孩到別的學校報名了。我也知道資優班的成立的確會對後面的班級有一些衝突，但是我相信我們學校的導師一定能好好地照顧這些學生，學務處也一定會全力幫助導師們做好生活常規的要求。雖然最近那個新聞吵得很兇，但是資優班是一定要辦的。」

反對資優班的老師們面面相覷，但是校長都已經說話了，再有滿腹的委屈也不太好意思說出口。倒是之前有一些沒有發言的老師這時候開始講話了：「還是應該成立資優班比較好，別人都這麼做，如果我們沒有這麼做的話，不是會跟不上別的學校嗎？」「有些學生的程度真的比較好，如果我們不成立資優班的話，真的是會犧牲掉這些學生。」「就算沒有考上資優班，又不是表示我們就會放棄掉他們，他們也還是在常態班啊！怎麼可以拿他們和以前的放牛班比較？」「如果沒有成立資優班，我們真的會失去競爭力，到時候連家長都不認同學校的時候，那就來不及了。」「……」

楊志華感到自己好像遭到亂槍掃射一般，雖然還想極力表達成立資優班之後的危害，卻是無論如何也說不出口了。於是，整個會議在「高度的共識」之下達成了決議：明年，哦不！往後資優班將會繼續存在，而且這是得到多數老師認可的結果。

下個學年度到了，學校整體的情形不幸被楊志華言中。資優班的學生每天要應付考不完的試，辛辛苦苦地準備之後考了九十分，沒有掌聲，只有問句：「為什麼沒有考一百分？」如果不幸考差了，往往是一陣酸溜溜地調侃：「資優班也不過如此而已。」非資優班更不用說了，班上不讀書（不想及不會）的同學佔了多數，導致全班的讀書氣氛一直拉不起來。老師認真了老半天之後，分數仍然只在三、四十分徘徊，教到後來連老師也無力了。學生看老師都放棄了，樂得自我放棄，可是省下來的精力要幹什麼用呢？於是挑戰校規、捉弄老師成了學生排遣無聊的主要休閒娛樂。

總而言之，學校的現況大概只能用一個「亂」字來形容了。但是大家怎麼看待這個亂象呢？會不會是因為資優班的存在所造成的後果呢？不會，因為這個政策是在大家共同討論之後得到的結果。既然是集思廣益之下的產物，那麼結論一定是所有可以得到的方法裡「最好的方法」，絕對是無可挑剔之處，所以原因必然是其他。於是大家普遍認為這是社會趨勢，現在的學生素質就是這麼差，我們只能夠接受這樣的結果了。

故事背後

在討論團體迷思之前，或許應該先來看看個人，這個個人指的當然是團體的領導者。在下面的討論中就會發現，領導者的態度是造成團體極化的重要原因，有必要對領導者的想法先做初步的瞭解。那麼這個人在做決策的時候會犯什麼毛病呢？能夠作為一個領導者，他一定具有某種程度的決策能力，也就是說他對於問題的解決方式通常會「心裡有數」。接下來他常犯的錯誤就是：a、會特意搜集對自己的決定有利的證據；b、會不經意地忽略對自己的決定不利的事實。舉例來說，若是校長傾向支持能力分班，那麼他就會看到很多家長都要求他分班，而且分班之後的升學率果然會比較好。但是他會「看不到」那些被分到後段班的同學痛苦的表情，會「聽不到」有部分家長及老師向他反映不希望分班的訴求。

解決這個現象的方法很簡單，端看領導者做與不做罷了。它就是：領導者的身邊一定要有人專門表達反對意見。雖然反對者的意見不一定要被採納，但是一定要鼓勵（甚至獎勵）這種人的存在。因為大多數的人都只敢揣摩及順從上意，能夠不盲從附和就已經難得了，還要特意反對領導者，非得有過人的勇氣不可。

在以前的帝制裡，這些人被稱為諫官。其實以歷史來看，只要諫官很活躍的朝代，那時候大概都是政治清明、國泰民安。就好像唐太宗身邊因為有魏徵的善諫，才有機會創造貞觀盛世。唐太宗的能力好不好？當然好，但是能力再好的領導者也會犯錯。我以為唐太宗之所以能在中國無數帝王之中留下一席美名，主要就是因為他肯接受他人的諫言。相反地，不用說領導者的身邊圍繞了一群諂媚附和的狗腿，只要看不到領導者的身邊有人敢表示反對意見，這個團體應該是沒什麼指望了。所以校長、主任若是對於身邊總是有人在唱反調，千萬不要覺得煩，這些人的存在，正足以證明您是一個有雅量的領導者。

再來討論所謂的「團體迷思」。先不用考慮一些比較極權的組織，根本不願意接納任何與領導者意見不同的看法。就算是一個民主化的團體裡，也很難避免會有「團體迷思」的現象發生。這是因為在一個有高度凝聚力的團體中，有時候為了尋求共識，常常會堅持團體的決策是正確的，因此忽略持相反意見的聲音。團體迷思的結果往往也會造成「團體極化」的現象。所謂「團體極化」，就是指一件事情的決策，在經過眾人的討論之後，往往會比個人單獨決策時，更趨向極端的決定。也就是保守的會更保守，冒險的會更冒險。上述兩種都不見得會形成一個好的決策。

仔細分析，發生上述現象的可能原因如下：

責任擴散

團體中的決定，由全體成員共同承擔，即使錯誤，個人也不必負全部責任。這也是為什麼很多人在抱怨開會沒有意義，好像只是去幫會議的結論做政策背書而已。說實在的，這個說法完全正確，只是這樣的會議並非沒有意義，它的意義就是要大家去背書。以上述的故事為例，校長或教務主任應該在一開始就想要繼續辦理資優班了，但是因為有新聞事件正在炒作，做起來總是有一點怕怕的。開一個會，邀請許多老師一同出席，心裡總是感覺踏實許多，因為這時候他可以安慰自己：「一切都是會議的決議，自己只是會議中的一分子而已。」

就算開會並沒有預設的決議內容，反正主持人一定會在開場的時候就先說明：「歡迎大家提供意見，討論絕對沒有預設立場，大家盡量把心中的想法說出來。」多數人當然是沒意見的，只是沉默了好一段時間之後，大家都會迫切地需要有某個意見來討論（隨便什麼都好）；這時候某人可能會隨便丟個議題出來，他可是沒有壓力的哦！因為他的心裡在想：「反正到時候表決多半不會過，就算表決通過，執行的人也不會是我。再說，如果表決通過了，那不是表示我提的建議是一個好的建議嗎？」

好了，現在有人丟出一個想法了，整個會議終於可以有東西討論了，反正眼前又沒有其他想法，結果這個想法就成了唯一想法。在經過大家的討論之後，又變成大家共同的想法。最後真的要拍板定案了，連一開始提議的人也嚇了一跳：「沒想到我隨便說說也能得到大家肯定，或許自己是天縱英才呢！」

自我監督

自我監督是指個體會有「從眾」的現象，因為從眾壓力的存在，所以會告訴自己不要提出不同的異議。大家都不想當第一個人，所以在一開始的時候總是會有一陣子的沉默，大家都想靜靜地躲在一角等著看事情的發展，一旦事情的發展開始明朗化，支持者的意見就會一擁而上（反正站在多數人那一邊總是不會有錯）。如果只有一個人發言，往往還不會得到大多數的支持，但是隨著第二個、第三個……第 n 個相同意見出現的時候，整個情勢就會出現一面倒的現象了。到底要到第幾個人才會有這種現象呢？不知道！到底這樣子的想法是不是真的是多數人的想法呢？不一定！到底這樣子的結論是不是好的結論呢？不見得！這就是團體迷思的陷阱所在了。

心理衛士

人們在心理上會捍衛領導者的意見，於是領導者的意見反而會被極端化，所以在開會的時候，最忌諱的是領導者的意向提早曝光。消極地說，多數人並不願意和領導者起衝突（除非他們不想幹了）。如果事後證明是自己錯了，多半會得到一場羞辱，就算上級不計較，自己心裡也有壓力。萬一事後證明自己是對的，還要擔心上級會有妒才的現象，也可能硬把黑的說成白的，然後就準備要揹黑鍋了。反正「官大學問大」、「天塌下來有高個子的人頂著」，一切又何必強出頭呢？

積極地說，少數人特別喜歡拍領導者的馬屁，不管領導者說什麼都是至理名言、真知灼見。這幾個不要臉的馬屁精很快就會形成一股力量，影響一些價值中立者的判斷，結論當然也就一面倒了。

一致的假象

團體所做的決定，就算只是 51% 的勉強多數，最後執行的時候，往往會被視為大家「共同」的決定。人們的大腦傾向於做「簡單」的思考，所以多數人根本懶得去思考會議進行的經過，是否還曾經提出其他哪些建議？或是結論的出現是否經過充分的討論？只要最後能夠有最簡單的答案“Yes” or “No”就可以了。於是，51% 的支持率會被想像成 100% ，而 49% 的反對意見也會被直接蒸發，得到一個「共識」的假象。

雖然有團體迷思的現象，但是這並不是表示大家以後都不用開會了。相反地，領導者更應該以此現象為警惕，讓開會的舉動變得更有意義。一般來說，領導者有以下幾種方法來預防團體迷思：

1. 鼓勵成員多提供批評的意見。一般人的心態傾向於「說好聽的話」，然而，我們應該都同意一個事實：沒有任何一件事是十全十美。所以，一個決策會有什麼缺點？如何改善或預防？就應該在討論的時候一併提出；否則大家一味地只說好話，很容易讓人對一項決策的可行性造成誤判，也容易讓人無法在決策真正執行而出現問題時，及時地解決問題。教改的失敗應該就是沒有做到這一點吧！批評的意見當然刺耳，正因如此，它才更需要被鼓勵，否則就沒有人願意說了。

2. 團體中的領導者或關鍵成員，在討論的過程中應該保持超然的立場。為了不要讓與會的人揣測上意，因而扭曲了真正討論的精神，領導者的意見絕對不能事先曝光。事實上，領導者根本就不能有「預設立場」的心態，否則開會很容易就會流於形式（除非這就是領導者真正要的）。
3. 同一議題，分派不同的小組進行討論。以上述的例子來說，是否應該繼續實施資優班，未必一定要舉辦一個全校性的校務會議來討論，也可以分為各年級導師、專任教師、行政人員、各處室人員等小組分別討論，再將各小組討論的結果予以彙整。
4. 決策的過程可以邀請一位局外人參加。任何事情，只要與自身相關，難免會有價值觀介入的問題，往往不能以客觀的立場來看待問題。我一直建議學校的會議，應該要有家長參與，而且就算是討論三年級的事務，也應該請一、二年級的家長參加討論。此外，在一個領域待太久，對事情的看法往往會有僵化、固著的現象，邀請局外人參加，或許能提供「另類」的看法。

在開會的技巧之外，還應該知道有很多情況並不是少數就應該服從多數的決定，還必須考慮到「專業」的因素。舉例說吧！如果對國中生做問卷調查：「往後教學增加電腦及體育課的時間，縮減英、數、理三科的時間好不好？」同學們一定舉雙手贊成。但是站在課程設計者的角度來看，這種多數人的建議又怎麼能夠被接受呢？相同的，如果發個邀請函請家長到學校來表決「是否要能力分班？」願意撥時間到學校來的家長多半都會支持分班的決定；但是這項支持的背後是不是真的有專業知識做靠山呢？

我覺得大家往往會犯了一個不自知的毛病：以為多數人的意見就是好的意見。事實上，在表決之前，每一個意見的背後都應該有它的專業論述，根據什麼樣的想法才提出這樣的說法？如果沒有先思考每一項提案背後的專業支持，光是隨便提一個想法，然後說：「我覺得這樣會對學生有幫助。」接著就要求大家進行表決，像這樣子的決策肯定是太過草率了。

國家圖書館出版品預行編目資料

你不可不知的心理學／唐全騰著.
--初版. -- 臺北市：心理, 2007.09
面； 公分. --（心理學系列；11027）

ISBN 978-986-191-059-8（平裝）

1. 心理學

170　　96016191

心理學系列 11027

你不可不知的心理學

作　　者：唐全騰
執行編輯：高碧嶸
總 編 輯：林敬堯
發 行 人：洪有義
出 版 者：心理出版社股份有限公司
地　　址：台北市大安區和平東路一段 180 號 7 樓
電　　話：(02) 23671490
傳　　真：(02) 23671457
郵撥帳號：19293172　心理出版社股份有限公司
網　　址：http://www.psy.com.tw
電子信箱：psychoco@ms15.hinet.net
駐美代表：Lisa Wu（tel: 973 546-5845）
排 版 者：辰皓國際出版製作有限公司
印 刷 者：辰皓國際出版製作有限公司
初版一刷：2007 年 9 月
初版二刷：2011 年 8 月
I S B N：978-986-191-059-8
定　　價：新台幣 300 元